DU DIVORCE.

DU DIVORCE.

SECONDE ÉDITION.

A PARIS.

DE L'IMPRIMERIE DE MONSIEUR.

Chez Desenne, Libraire, au palais-royal.

1789.

PRÉFACE.

Quand cet ouvrage n'aurait d'autre objet que de venir au secours des époux malheureux, je le croirais encore digne du plus grand intérêt. Mais il a été déterminé par un motif bien plus important, celui de rendre tous les ménages heureux, de favoriser les bonnes mœurs et de contribuer à la félicité publique.

J'avais toujours pensé qu'il fallait faire cesser ce qui est mal, et défaire, par conséquent, les mauvais ménages. Cependant, accoutumé à voir subsister les unions les plus mal-assorties, je me disais : Sans doute le divorce est impossible !

Lorsqu'ensuite j'ai vu, dans l'Histoire , que tous les peuples de l'antiquité et même les premiers siècles chrétiens avoient pratiqué le divorce et qu'il était encore en usage dans les trois quarts du monde connu, je me suis dit : Sans doute quelque grande raison l'a fait proscrire en France !

Depuis , j'ai vu , parmi mes parens et mes amis , des maris cruellement tourmentés par leurs femmes , des femmes réduites à plaider contre leurs maris. J'ai étudié les lois de la séparation ; frappé de la bizarrerie , de la barbarie même de notre jurisprudence sur ce point, j'ai dit : Le divorce vaudrait mieux; mais, puisqu'on n'en fait pas usage , sans doute il a été abrogé par des lois bien authentiques !

Enfin , la convocation des États-généraux m'a donné l'espoir de voir réformer notre jurisprudence civile ; alors, j'ai fixé sur le divorce des yeux plus attentifs ; j'ai interrogé l'Histoire et le droit ; surpris des faits multipliés, des raisons puissantes, qui militaient pour le divorce, et de la faiblesse des faits et des raisons qu'on lui opposait, je me suis écrié : Comment s'est perdue une institution utile, qui n'a été proscrite par aucune loi !

Quelqu'abusive, cependant, que fût l'indissolubilité du mariage, elle existait, et j'osais à peine en espérer la destruction; mais lorsque l'Assemblée nationale, dans la nuit mémorable du 4 août, eut porté la hache dans cette forêt d'abus antiques qui couvrait la France, je n'ai plus douté que l'abus de l'indissolubilité, ne suivît les autres dans leur chute. Animé du désir de contribuer à cette heureuse révolution, je me suis entouré des auteurs qui avaient traité du divorce ; j'ai pensé qu'il serait utile de rassembler leurs idées, d'en ajouter une foule d'autres, nées de leurs rapprochemens, de les présenter dans un ordre plus clair, et de faire enfin un traité plus méthodique et plus complet.

Tel est l'ouvrage que m'ont dicté l'amour de l'humanité et de la vertu, le plaisir d'être utile à tant de malheureux, à quelques infortunées, sur-tout, dont j'ai vu les peines indicibles, et plus encore, le desir de faire, à l'avenir, de tous les mariages, autant d'unions douces et vertueuses.

Comme il peut être utile, aux personnes qui voudront donner, à cette question, toute l'attention qu'elle mérite, de connaître les sources où j'ai puisé, et que j'ambitionne de faire réussir ma cause, et non de faire briller mon travail, je vais citer ici tous les ouvrages que je connais sur le divorce, et les auteurs qui en ont parlé.

Corps du droit civil. Digest, liv. 24, tit. 2. — Code, liv. 5, tit. 17, 18 et 24. — Novelles, collation 4, tit. 1.

Essais de Montaigne, tom. 2, chap. 5.

De la Sagesse, par Charron, liv. 1, ch. 42.

L'Esprit des lois, de Montesquieu, tom. 2, liv. 16, chap. 15 et 16. — Tom. 3, liv. 26, chap. 9.

Œuvres de Hume. Essais moraux et politiques, chap. de la Poligamie et du Divorce.

Rêveries politiques du maréchal de Saxe.

Code Frédéric, ou Corps de droit pour les états du roi de Prusse, trad. de l'allem. 3 vol. in-8°. 1751, part. 1, liv. 2, tit. 3, art. 1 et 2.

Mémoire sur la Population. *Londres*, 1768, in-8°.

Législation du Divorce. *Londres,* 1770, in-12.

Le Cri d'un honnête homme.

Le Cri d'une honnête femme.

Contrat conjugal, ou Lois du mariage, de la répudiation et du divorce. *Neuchâtel,* 1783, in-8°.

Enciclopédie méthodique, Dictionnaire d'Économie politique, etc. par M. Desmeuniers, député à l'Assemblée nationale. Art. Divorce.

Enciclopédie méthodique, Dictionnaire de Jurisprudence. Art. Mariage et Divorce.

Enciclopédie méthodique, Dictionnaire de Théologie. Art. Divorce.

États provinciaux, comparés aux Assemblées provinciales. *Paris,* 1789.

Traité philosophique, théologique et politique de la Loi du divorce, juin 1789.

Réflexions d'un bon citoyen en faveur du Divorce, octobre 1789.

Griefs et Plaintes des femmes mal mariées. *Paris,* 1789.

Je ne demande qu'une grace à mes lecteurs, c'est de lire cet ouvrage sans prévention , sans préjugé , avec les yeux de la raison, de la conscience et de la bonne-foi. Je sais que bien des gens sont opposés au divorce, sans jamais s'être rendu compte de leurs motifs ; je sais, qu'au défaut de raisons, on l'a souvent attaqué par des plaisanteries ; mais je sais aussi qu'on décriait autrefois la philosophie qui nous éclaire aujourd'hui : les bons mots s'oublient, les bonnes choses restent.

Les Anglais ont adopté le divorce, mais d'une manière bien défectueuse; notre gloire est , en les imitant, de les surpasser : ils ont la primauté sur nous, ayons sur eux la perfection.

DU DIVORCE.

INTRODUCTION.

LE mariage est une des plus belles institutions qui existent sur la terre : il épure et protège les plaisirs des époux; il assure l'existence et l'éducation des enfans ; il attache les parens à leurs familles, et les citoyens à leur patrie ; il féconde l'état par la population ; il donne des mœurs à la société, et l'humanité lui doit ses plus doux sentimens.

Mais tous ces avantages, dont je pourrais étendre et développer l'énumération, ils ne se trouvent que dans les mariages heureux ; une union malheureuse produit précisément les effets contraires : fléau des époux, des enfans et des familles, elle éteint le patriotisme, nuit à la population, trouble la société et outrage l'humanité.

A

Cette vérité, dont je prouverai les détails, fait naître une réflexion bien simple : Puisqu'un bon mariage est un si grand bien, et qu'un mauvais mariage est un si grand mal, il faudrait qu'il n'y en eût que de la première espèce, sans doute ; mais si la sagesse des lois peut diminuer le nombre des unions mal assorties, il en échappera toujours quelques-unes à la fragilité humaine. C'est donc peu de tâcher d'avoir de bons mariages ; il faut encore laisser le moyen de les rectifier, quand enfin ils sont mauvais ; et peut-être, dans l'état d'imperfectibilité où sont les hommes, l'art de corriger les fautes est-il plus utile que celui de les prévenir.

Cette possibilité de revenir sur une erreur, l'homme en jouit pour la plupart de ses actions ; il en a joui, à l'égard du mariage, dans tous les temps et dans tous les pays ; ce n'est que depuis un petit nombre de siècles, qu'elle est ravie à une petite portion de l'Europe (1).

----

(1) Des douze principales divisions de l'Europe, il n'y a que la France, l'Espagne, le Portugal, l'Italie, la Hongrie et

Ou plutôt, non ; ne faisons pas cette injure à l'humanité, de croire qu'il existe un peuple sur la terre, où l'innocence malheureuse invoque en vain les lois. Dans les contrées où l'indissolubilité du lien conjugal est admise, un mariage présente quelquefois une union si monstrueuse, les souffrances de deux époux sont quelquefois si terribles, qu'il faut bien que les lois consentent au moins à la séparation. Eh ! quel remède, grand Dieu ! Nécessaire sans doute alors, mais bien insuffisante, la séparation soustrait les époux au malheur, mais elle ne les rend pas au bonheur : honteux et puissant palliatif, qui satisfait à la justice aux dépens de la nature, et ne cède à la pitié, qu'en offensant les mœurs !

Ainsi, une fois écarté de la seule route qui conduit au bien, l'homme ne fait que s'égarer de plus en plus ; et, n'osant détruire un abus, il en consacre deux.

------

une partie de l'Allemagne, où le divorce ne soit pas en usage. L'autre partie de l'Allemagne, la Prusse, la Hollande, la Suisse, l'Angleterre, la Pologne, la Russie, tous les autres peuples enfin, ont été plus sages et plus heureux.

Pourquoi une erreur, en fait de mariage, ne laisse-t-elle à ses victimes que l'alternative malheureuse d'une union insupportable, ou d'une séparation imparfaite, quand il est un troisième parti, si naturel, si raisonnable, celui de défaire ce qu'on a eu tort de faire, ce qui n'eût jamais dû être fait? Pourquoi? C'est, répondra-t-on, parce que le mariage est indissoluble. Mais cette indissolubilité est-elle inévitable, est-elle nécessaire, est-elle utile? présente-t-elle des avantages qui balancent les inconvéniens? S'il est prouvé, au contraire, qu'elle n'a pas toujours existé; qu'elle n'existe pas par-tout; qu'elle n'aurait jamais dû exister; qu'elle peut cesser sans inconvéniens, et même avec les avantages les plus étendus, les plus multipliés, les plus précieux; qui pourra encore prendre la défense d'un principe injuste, d'où sont résultées tant de funestes conséquences? qui ne verra pas, avec plaisir, abattre un arbre inutile dont les fruits sont empoisonnés?

Enfin il est arrivé pour la France, le moment de la destruction de ces antiques abus dont gémissaient la raison et l'humanité. Depuis long-temps, la philosophie les dénonçait à la terre ; les représentans de la nation française ont entendu sa voix ; ces généreux restaurateurs du bonheur et de la liberté, ne laisseront pas subsister le plus malheureux des esclavages. Déja ils ont réintégré l'homme dans les droits de la nature et de la justice ; bientôt, par leurs sages décrets, la religion, les mœurs et la politique vont s'éclairer et se perfectionner. Ah ! sans doute, ils s'empresseront de détruire un usage qui, abusif dans le fait, abusif dans le droit, est tout à-la-fois contraire à la nature et à la justice, préjudiciable à la religion, aux mœurs et à la politique.

Cette question, sur-tout, ne paraîtra point étrangère à leurs premiers travaux ; ils la regarderont comme un des objets qui appellent le plus pressamment leur attention. Ils savent, comme tous les législateurs, que les familles sont les portions constitutives de la société ; que le tout languit quand les parties sont malades ; et qu'enfin c'est des vertus privées et des félicités particulières , que se composent la vertu publique et la félicité générale.

Et moi, animé par le sentiment, soutenu par la raison, je mêlerai ma voix à celle des illustres et nombreux adversaires de l'indissolubilité du mariage ; ou plutôt, rassemblant les idées éparses dans leurs ouvrages, je dirai tout ce que pensent aujourd'hui les personnes éclairées, et ma plume ne fera que transcrire ce qui est écrit dans tous les cœurs sensibles.

LIVRE PREMIER.

HISTOIRE DU DIVORCE.

CHAPITRE Ier.

Lois sur le divorce, à la création du monde.

Le mariage est aussi ancien que le monde : Dieu, après avoir créé l'homme, dit : « Il « n'est pas bon que l'homme soit seul, faisons- « lui une aide semblable à lui (2). » Et Ève fut formée d'une des côtes d'Adam. Par ces paroles, l'Être suprême décide qu'il n'est pas bon que l'homme soit seul ; qu'il doit avoir une compagne.

(2) *Non est bonum hominem solum esse , faciamus adjuto- rium simile ei.* (Genèse, chap. 1.)

Les deux époux formés, l'Éternel leur dit :
« Croissez et multipliez (3). » Il leur annonce
les deux buts de la nature, la conservation
et la reproduction des êtres ; ainsi l'homme
et la femme sont faits pour soutenir mutuellement leur existence , et pour la donner à
leurs enfans.

Enfin, le Créateur ajoute : « L'homme
« quittera son père et sa mère ; il s'attachera
« à son épouse, et ils seront deux dans une
« même chair (4). » Dans cette dernière
phrase, on a cru voir la défense de se séparer d'une femme dès qu'on était uni avec
elle.

Sans doute l'homme ne doit pas quitter la
femme en qui il trouve une épouse ; l'union
qui constitue un mariage ne doit pas être
rompue ; mais qu'est-ce qu'une épouse ? Dieu
nous l'apprend ; c'est une aide pour l'homme :
qu'est-ce qu'un mariage ? c'est un état dans
lequel les époux doivent être heureux et avoir
des enfans : lorsqu'une de ces conditions ne
se trouve pas remplie , il n'y a plus d'é-
pouse, il n'y a plus de mariage, et l'on ne

----

(3) Crescite et multiplicamini. (Genèse, chap. 1.)

(4) Dimittet homo patrem et matrem, et adhærebit uxori,
et erunt duo in unâ carne. (Ibid.)

doit pas conserver un vain titre, un lien sans
effet.

Si Dieu en eût ordonné autrement, il aurait lui-même contredit les lois qu'il avait
données d'abord. Rappelons ici les paroles
divines : « Il n'est pas bon que l'homme soit
« seul ; croissez et multipliez. » Mais quand
sa femme est détenue dans une captivité éternelle, l'homme est seul par le fait ; quand une
haine invincible l'anime contre sa femme,
l'homme ne peut plus être heureux avec elle ;
enfin, quand sa femme est stérile, l'homme
ne peut se multiplier dans sa postérité. Dieu
n'aurait donc pu ordonner tout à-la-fois à
l'homme de n'être pas seul et de persister
dans une union où il serait seul ; de se conserver, et de persister dans une union qui
altérerait son existence ; d'être père, et de
persévérer dans un mariage qui ne lui donnerait point d'enfans.

Il semble, au contraire, qu'en instituant
le mariage pour que l'homme ne fût pas seul,
pour qu'il fût heureux, pour qu'il eût une
postérité, le divin législateur a implicitement
permis le divorce dans une des situations op-
posées, c'est-à-dire, quand un des époux est
de fait séparé de l'autre ; quand il est malheureux avec l'autre ; quand il ne peut, avec

l'autre, avoir des enfans. Qu'on examine toutes les causes qui peuvent déterminer au divorce, elles se rapportent toutes à une de
ces trois principales : l'absence, l'incompatibilité, ou la stérilité.

CHAPITRE II.

Lois sur le divorce, avant Jésus-Christ.

Après ces premières lois prononcées par l'Éternel, les plus anciennes lois connues sont celles qu'il dicte lui-même à Moïse, au législateur du peuple qu'il s'est choisi ; eh bien, elles permettent de même le divorce : « Si un « homme a pris une femme, qu'il ait con-« sommé le mariage, et qu'elle n'ait pas « trouvé grace devant ses yeux, à cause de « quelque défaut, il écrira un acte de répu-« diation, le lui donnera dans la main, et la « renverra de sa maison (5). » Par cette séparation, les deux parties devenaient libres et pouvaient se remarier. Il était défendu

(5) Si ceperit uxorem, et habuerit eam, et non invenerit gratiam ante oculos ejus, propter aliquam fœditatem, scribet libellum repudii et dabit in manu illius, et dimittet eam de domo suâ. (Deuter. cap. 24.)

seulement aux prêtres d'épouser une femme répudiée.

Cette loi laisse au mari un pouvoir illimité de faire le divorce sur sa simple volonté, et ne paraît pas accorder à la femme la faculté de briser ses nœuds. Une loi semblable serait aujourd'hui doublement injuste : elle donnerait trop au mari, et trop peu à la femme ; mais, sans doute, dictée par Dieu, elle était bonne alors pour le peuple auquel elle était prescrite. Peut-être était-il facile à l'épouse, réduite à desirer le divorce, d'inspirer le même desir à son époux.

Le peuple de Dieu ne fut pas le seul qui conserva l'usage, enseigné par le ciel, de substituer une nouvelle union à une union contrariée par l'absence, la haine ou la stérilité. Il est infiniment probable que l'usage du divorce était général dans l'antiquité ; on ne connaît aucune loi qui le défendît chez aucun peuple.

Je le trouve, au contraire, établi chez les Égiptiens ; la première des nations civilisées (6).

Je vois encore le peuple le plus instruit, le plus aimable et le plus sage, le peuple,

---

(6) St. Chrisost. homél. 17.

en un mot, le plus semblable au Français; je vois les Athéniens adopter le divorce, mais l'adopter tel que Dieu l'avait donné à des êtres égaux entre eux, et le permettre à la femme comme au mari. Solon, le plus illustre des anciens législateurs profanes, en fait une de ces lois qui, depuis tant de siècles, excitent l'admiration (7).

Bientôt un nouveau peuple s'élève : conquérant dès le berceau, il marche à grands pas vers l'empire du monde, et devient souverain de presque toute la terre. Eh bien, ces fameux Romains admettent le divorce. Romulus cependant l'altère d'abord, ou plutôt il y substitue la répudiation, dont il ne laisse l'exercice qu'au mari seul. Romulus n'était alors que le chef barbare de quelques brigands. Aussi Plutarque, cet historien dont les opinions sont des oracles en fait de législation, Plutarque s'élève contre l'insuffisance

---

(7) Le fil des générations peut s'interrompre par des divisions et des haines survenues entre les deux époux ; le divorce sera permis, mais à des conditions qui en restreindront l'usage : si c'est l'époux qui demande la séparation, il s'expose à rendre la dot à sa femme, ou du moins à lui payer une pension alimentaire fixée par la loi. Si c'est la femme, il faut qu'elle comparaisse elle-même devant les juges, et qu'elle leur présente sa requête. (Voyage d'Anacharsis, t. 1, p. 75.)

de cette loi , et la cruauté de cette exclusion donnée aux femmes (8).

Cette injustice ne tarde pas à être réparée : Rome , devenue libre , envoie dix citoyens choisis, s'instruire dans les usages et dans les mœurs de la Grèce, étudier et compulser les lois des différens peuples , et apprendre à devenir les législateurs de leur patrie. Telle fut l'origine des lois des douze tables , formées, par les Décemvirs, de ce qu'il y avait de plus parfait dans celles de la Grèce, et confirmées par le sénat et le peuple. Ces lois reconnurent les vices de la répudiation, l'abrogèrent, et rendirent aux Romains et aux Romaines le divorce tel que Dieu l'avait donné à l'un et à l'autre sexe ; et Solon aux maris et aux femmes d'Athènes (9).

(8) Romulus permit au mari de répudier sa femme , si elle avait commis un adultère, préparé du poison ou falsifié des clefs. Il ne donne point aux femmes le droit de répudier leurs maris. C'était, dit Plutarque, une loi très-dure. (Esprit des lois, liv. 16, chap. 16.)

(9) Comme la loi donnait à la femme, ainsi qu'au mari, la faculté de répudier, et que l'on voit que les femmes obtinrent ce droit sur les premiers Romains, nonobstant la loi de Romulus, il est clair que cette institution fut une de celles que les députés de Rome rapportèrent d'Athènes , et qu'elle fut mise dans la loi des 12 tables. (Id. ibid.)

CHAPITRE III.

Paroles de Jésus-Christ sur le divorce.

Je ne m'engagerai pas ici dans une dispute théologique ; mais rassemblant diverses observations, je poserai quelques principes si clairs, j'en tirerai quelques conséquences si décisives, que je paraîtrai peut-être ensuite dispensé d'une discussion plus détaillée.

Jésus-Christ n'a rien écrit. Après sa mort, quatre de ses disciples ont recueilli ses actions et ses paroles, et en ont composé les quatre Évangiles. Déja il est aisé de voir que des expressions, transcrites de mémoire, et long-temps après, peuvent n'être pas rapportées avec une exactitude toujours égale. En effet, les évangélistes ne sont pas toujours parfaitement d'accord entre eux.

Les uns ont écrit en hébreu, les autres en grec. Les textes originaux n'existent plus ; delà les différentes versions qui ont divisé la chrétienté (10).

______

(10) Saint Matthieu, apôtre, a composé son Évangile quatre

Enfin, le stile concis et parabolique de l'E-
vangile nuit quelquefois à sa clarté, et donne
lieu à des interprétations différentes.

Je ne puis donc savoir quelle est la véritable expression dont s'est servi Jésus-Christ,
quel est le véritable sens des expressions rapportées par ses historiens, et quelle est la
meilleure interprétation de ces phrases sacrées.

Au défaut de ces lumières, il est un flam-
beau que Dieu a donné à tous les hommes
pour les éclairer, c'est la raison. Forcé d'a-
dopter une expression, une version, une interprétation, je crois devoir préférer la plus
raisonnable, la plus digne de son auteur.

L'analogie est encore un guide assez sûr:

---

ans après la mort de Jésus-Christ; il a écrit en siriac, qui
était alors la langue commune de Jérusalem. L'original s'est
perdu dès les premiers temps.

St. Marc, disciple de St. Pierre, a écrit son Evangile en
grec, après la mort de ce dernier, ou, selon d'autres, sur la
fin de sa vie.

Vingt-quatre ans après la mort de Jésus-Christ, St. Luc a
composé son Evangile en grec, d'après ce qu'il avait appris de
St. Paul, dont il était disciple.

Enfin, St. Jean, apôtre, a écrit en grec, 64 ans après
Jésus-Christ.

L'original de ce dernier s'est conservé plus long-temps que
les autres. On ne connaît pas les auteurs des traductions.
(Moréri. — Enciclopéd. théolog. art. Evang.)

dans

dans un code de lois douces et bienfaisantes, si une disposition me présente un sens douteux, en l'expliquant d'après le surplus de l'ouvrage, en l'interprétant du côté de la douceur et de la bienfaisance, je ne me tromperai pas, ou, si je me trompe, mon erreur sera heureuse.

Enfin, je pourrais encore partir de la déclaration formelle faite par Jésus-Christ, qu'il n'était pas venu pour réformer la loi ; et, toutes choses égales, je préférerais le sens qui s'éloignerait le moins de la loi ancienne.

Tels sont les principes que je voudrais que l'on suivît dans l'examen des paroles divines de notre Seigneur : ce n'est qu'avec une intention louable et une raison respectueuse, qu'il est permis d'analiser les lignes sacrées de l'Évangile.

Selon St. Marc, les Pharisiens demandent à Jésus-Christ si l'homme peut répudier sa femme (11). Ils demandent, selon St. Matthieu, s'il peut la répudier, pour quelque cause que ce soit (12). Jésus-Christ répond négativement. D'après la première demande,

_____

(11) Si licet viro uxorem dimittere. (Marc, 10, 2.)

(12) Si licet homini dimittere uxorem suam quâcumque ex causâ. (Matth. 19, 3.)

c'est le divorce qu'il veut prohiber; d'après la seconde, il ne prohibe que l'exercice illimité du divorce.

Jésus-Christ ajoute, selon St. Marc, que quiconque renverra sa femme, et en épousera une autre, sera adultère (13). Il dit, selon St. Matthieu, que quiconque renverra sa femme, si ce n'est pour cause de *fornication*, et en épousera une autre, sera adultère (14). Là il défend le divorce dans tous les cas; ici il le défend, excepté dans un cas seulement.

Lequel des deux évangélistes doit être préféré? quel est ce cas pour lequel le divorce est permis?

Ainsi, incertitude sur le choix des deux historiens, incertitude sur la vraie signification d'un mot important.

Je pourrais observer que St. Matthieu écrivait quatre ans après la mort du Sauveur du monde, qu'il rapportait ce qu'il avait entendu; et que St. Marc n'a composé son ouvrage, que sur ce qu'il avait appris de St.

____

(13) Quicumque uxorem suam dimittit et aliam duxerit, adulterium committit super eam. (Marc. 10, 11.)

(14) Quicumque dimiserit uxorem suam et aliam duxerit, nisi ob fornicationem, mœchatur. (Matth. 19, 9.)

Pierre, et plusieurs années après la mort de Jésus-Christ.

Je pourrais ajouter que St. Marc peut avoir oublié une partie de ce qu'a dit Jésus-Christ ; mais que St. Matthieu ne peut avoir inventé ce qu'il n'a pas dit : une omission est excusable dans l'un, une supposition serait impardonnable dans l'autre.

Je m'en tiendrais donc au sentiment de St. Matthieu, et alors voilà, bien certainement, bien incontestablement, le divorce permis, par Jésus-Christ lui-même, dans une circonstance.

Cette circonstance, quelle est-elle ? La traduction grecque porte Πορνεία ; la traduction latine, *fornicatio* ; la traduction française, *adultère*. Toutes ces versions sont-elles fidèles ? L'auteur d'un ouvrage moderne assure que Πορνεία ne veut pas dire *adultère*, mais *faute grave contre les lois du mariage* (15).

J'appuyerais avec lui cette opinion sur ce

____

(15) Les versions modernes qui traduisent Πορνεία par *adultère*, supposent ce qui est en question. On a fait voir que, selon le stile des Juifs Hellénistes, il signifiait, outre la fornication d'une femme mariée, toute action ou toute conduite déshonnête et vicieuse, contraire à la nature et aux engagemens du mariage. (Traité polit. du divorce. Juin 1789.)

que l'adultère était puni de mort chez les
Juifs ; qu'en admettant l'adultère pour seule
cause du divorce, c'était en déclarer coupable
toute femme répudiée , c'était livrer cette
femme au supplice. Alors on n'aurait plus eu
besoin de rompre par le divorce des nœuds
que la mort devait briser.

Mais non, je laisse ces interminables dis-
putes ; je rentre dans mon cœur , j'écoute
ma raison, j'écoute ma conscience, cette voix
intime qui ne trompe jamais celui qui la
consulte. Alors plus de doute, plus d'obscu-
rité. Je vois, dans les paroles du Fils de
Dieu, une intention claire, juste et bienfaisante, et la voici.

Les hommes ne voient que les actions,
Dieu seul connaît les motifs. Telle action est
inaccusable sur la terre, dont le motif est
coupable dans le ciel. C'est pour suppléer à
l'insuffisance des lois civiles, que sont éta-
blies les lois religieuses. Les premières sont
coactives, et la société force ses membres de
s'y soumettre ; les secondes sont invitantes,
et Jésus-Christ blâme ses fidèles qui y man-
quent.

Jésus-Christ n'a donc pas abrogé la loi du
divorce, mais il s'est élevé contre l'abus que
les Juifs en faisaient. Moïse permettait la

répudiation pour quelque cause que ce fût. « C'est, disait Jésus aux Pharisiens , à cause « de la dureté de votre cœur, mais il n'en « était pas ainsi dès le commencement (16). » Il rappelle donc le divorce à sa première institution. Il ne dit pas : « Ne divorcez point ; » mais il déclare coupable à ses yeux quiconque divorce sans de justes motifs.

Ah ! sans doute, malheur à l'époux et à l'épouse qui, cédant à une nouvelle passion, osent rompre des nœuds que la tendresse pouvait rendre durables ; malheur sur-tout au père et à la mère de famille qui , sans les plus graves sujets, brisent des liens que des gages intéressans auraient dû resserrer : ils abusent d'un établissement utile, comme celui qui se fait prêtre par de mauvaises vues, abuse d'un sacrement utile. Laissons, laissons au ciel à punir quiconque, par un motif coupable, entre dans les ordres sacrés, ou quitte l'union conjugale ; mais ne renonçons pas pour cela ni à ordonner des prêtres, car il en est beaucoup de respectables, ni à désunir des époux, car il en est un grand nombre de

---

(16) Moïses ad duritiam cordis vestri permisit vobis dimittere uxores vestras ; ab initio, autem, non fuit sic. (Matth. 19 , 8. Marc, 10, 5.)

malheureux. Que la loi civile conserve donc le divorce, et que la loi religieuse en condamne l'abus.

Enfin, que l'homme ne sépare pas ce que Dieu a uni (17); mais qu'il détruise, sans scrupule, ces unions révoltantes et pernicieuses, dans lesquelles il est impossible de reconnaître jamais l'ouvrage de la divinité.

-----

(17) Quod Deus conjunxit, homo non separet. (Matth. 19, 6. Marc. 10, 9.)

CHAPITRE IV.

Lois sur le divorce, dans les premiers siècles du christianisme.

Telle est la manière vraie et sage dont les apôtres (18) mêmes et leurs premiers successeurs, ont entendu les paroles de J. C.; tel est le sens reconnu et suivi dans les premiers siècles du christianisme. Ils laissaient la loi permettre le divorce, comme elle permettait le serment, par exemple, quoique la religion défendît le faux serment, et le divorce non motivé.

Sous Marc-Aurèle, une femme chrétienne Ann. 161. fit divorce avec son mari. St. Justin nous a transmis ce fait, et St. Justin ne l'a point blâmé (19).

_____

(18) Uxorem non ream post matrimonium ejicere fas ne sit. (Constit. apost. Labei concilia, t. 1, p. 389.)

(19) Répert. de Jurispr. t. 5, art. Divorce

B iv

Peut-être croira-t-on que, sous les empereurs païens, le christianisme faible, persécuté, n'osait s'élever ouvertement contre un usage dont il gémissait en secret. Mais tout change : le christianisme devient la religion de l'état et du souverain ; alors il peut tout, il peut proscrire le divorce. Il le peut, et ne le fait pas : ah ! sans doute, c'est qu'il ne croit pas devoir le faire !

Ann. 312.   Constantin obtient l'empire par le batême ; il doit tout à la religion qui le couronne. Sa reconnaissance éclate en mille manières (20). Il fait convoquer le premier concile général, abolit les spectacles des gladiateurs, renverse des temples, élève des églises, révoque les édits de ses prédécesseurs contre le célibat ; et ce prince, qui semble associer l'église à son trône, n'abroge pas le divorce, parce que l'église n'en demande pas l'abrogation.

Ann. 364.   Jovien, un de ses successeurs, fait batiser tous ses soldats, fait des lois en faveur des chrétiens, et n'en fait point contre le divorce (21).

Ann. 380.   Théodose-le-Grand, ce pénitent si soumis de St. Ambroise, respecte de même le divorce

---

(20) Moreri, t. 4, art. Constantin.

(21) Tabl. chronol. par Lenglet Dufresnoi, t. 2, p. 44.

dans les lois qu'il donne pour le christianisme (22).

Théodose II et Valentinien III, dans une Ann. 449.
loi solennelle, déclarent : «Que la faveur due
« aux enfans doit rendre les divorces plus dif-
« ficiles; qu'en mettant cependant de justes
« limites à cette défense, pour qu'on ne dis-
« solve point l'union conjugale sans un motif
« raisonnable, ils desirent aussi que celui des
« conjoints qui se trouvera dans l'oppres-
« sion, ait recours au divorce, comme à un
« moyen violent, mais nécessaire, et forme,
« s'il le veut, de nouveaux liens (23). « Je
transcris, avec plaisir, cette loi sage et bien-

----

(22) Moréri, art. Théodose.

(23) Matrimonia non nisi misso repudio dissolvi præcipimus.
Solutionem etenim matrimonii difficiliorem favor imperat libe-
rorum. Causas autem repudii hâc celeberrimâ lege apertiùs
designamus. Si enim sine causâ dissolvi matrimonia juste li-
mite prohibimus, ita adversâ necessitate pressum vel pressam,
quamvis infausto, attamen necessario auxilio, cupimus liberari.
Hæc nisi vir et mulier observaverint, ultrice providentissimæ
legis pœnâ plectuntur.... Si vero mulier, causam probaverit
intentatam, tunc eam et dotem recuperare, et ante nuptias
donationem habere aut legibus vindicare censemus ; et nubendi,
post annum, ei, nequis de prole dubitet, permittimus facul-
tatem. Virum quoque, si mulierem interdicta attentantem ar-
guerit, tam dotem, quam ante nuptias donationem, sibi habere,
uxoremque, si velit, statim duxere sensimus. (Lex. 8, cod.
de repudiis.)

faisante : elle honore les princes qui la donnèrent, et le siècle qui la reçut.

Justinien, qui, en montant sur le trône, s'était déclaré protecteur de l'église, et avait fait plusieurs édits contre les hérétiques, entreprend le recueil de toutes les lois civiles de l'empire romain. Dix jurisconsultes chrétiens sont chargés de cet ouvrage immense, qui fixe tous les regards. De leurs travaux *Ann. 529.* pendant cinq ans, résulte ce code admirable qui fait encore aujourd'hui la base du droit civil de tous les peuples chrétiens.

J'ouvre ce code : loin d'abolir le divorce, Justinien s'attache à le perfectionner; il explique soigneusement les causes qui pourront y donner ouverture : les mauvais traitemens; l'impuissance naturelle éprouvée pendant 3 ans; l'homicide, le larcin et les autres crimes; la profession religieuse; le vœu de chasteté ; l'absence pendant cinq ans au moins, sont autant de motifs de divorce permis à la femme comme au mari ; on donna de plus, à ce dernier, celui de l'inconduite de son épouse. Le code Justinien règle ensuite les effets du divorce relativement aux époux et aux enfans (24).

----

(24) Cod. de divort. et repud. — *Voy. aussi* Encic. jurispr. art. divorce. — Répert. de jurispr. même art.

Justinien avait retranché, des causes du divorce, le consentement mutuel des époux ; Justin, son successeur, rétablit, à cet égard, l'ancien usage : « Il est arrivé, porte la loi, Ann. 570. « que des époux ont attenté mutuellement à « la vie l'un de l'autre, par le poison ou par « d'autres moyens, sans que des enfans nés « de leur mariage pussent les réconcilier ; « nous statuons donc, par la présente loi, que « la dissolution du mariage pourra, comme « autrefois, se faire du consentement des « parties ; car, si l'affection mutuelle fait les « mariages, l'opposition des caractères doit « les dissoudre (25). » Pourquoi n'a-t-on pas toujours tenu ce langage si raisonnable ?

Enfin, l'empereur Léon VI, lui qui, le Ann. 886. premier, astreignit les mariages à la bénédiction du prêtre, lui à qui les papes doivent tout leur pouvoir sur le lien conjugal, Léon VI continua de permettre le divorce, ajouta

---

(25) Contigit ut, ex his, nonnulli ad mutuas insidias procederent, venenisque uterentur, intantùm ut sæpè neque liberi, qui ipsis communiter nati essent, in unam eamdemque voluntatem illos conjungere potuerint. Cum itaque hæc à nostris temporibus aliena judicaremus, ad præsentem sacram legem respeximus, per quam statuimus, ut, prout olim juris fuit, matrimoniorum solutiones ex consensû fieri liceat. Si, namque, mutua affectio matrimonia conficit, meritò adversa voluntas per consensum eadem dirimit. (Novell. 23, cod.)

même, aux causes indiquées par ses prédécesseurs, la folie du mari ou de la femme.
« C'est un précepte divin, dit-il, de ne pas
« séparer ce que Dieu a uni; mais s'en pré-
« valoir ici, c'est s'écarter de l'intention di-
« vine. Si les époux restaient comme au com-
« mencement du mariage, malheur à qui les
« séparerait; mais, quand une épouse insensée
« n'a plus même une voix humaine, lorsque
« l'on ne peut trouver avec elle les douceurs
« de l'himen, qui pourrait ne pas séparer une
« union si cruelle et si affreuse (26)? » Léon
VI dit ensuite la même chose en faveur de
la femme dont le mari serait tombé en démence. On ne dira pas que ce prince ignorait
les paroles de l'Evangile, puisqu'il les cite lui-
même.

Voilà donc cinq empereurs chrétiens qui
permettent le divorce. Auraient-ils, dans le
sein de la chrétienté, promulgué des lois

---

(26) Divinum præceptum est, quod Deus junxerit, ne se-
parentur. Verùm non rectè neque secundùm propositum divinum
in medio affertur. Si enim matrimonium talem statum conser-
varet qualem in principio, quisquis separaret, improbus esset.
Jam verum, cum, præ furorem, ne vocem quidem humanam à
muliere audias, nedùm aliud quidquam quæ ad oblectumentum
et hilaritatem matrimonium largitur ab illâ obtineas; quis adeò
acerbum horrendumque matrimonium dirimere nolit! (Novell.
constit. Leoni VI. Const. 111 et 112.)

sur un usage défendu par le christianisme?
auraient-ils prescrit aux fidèles la manière de
désobéir aux préceptes de leur religion? Non,
sans doute; il faut donc conclure qu'alors le
divorce était permis et par les lois civiles et
par les lois ecclésiastiques.

CHAPITRE V.

Usage du divorce dans les divers états de l'Europe, jusque vers le douzième siècle.

Le divorce était donc permis alors dans tout l'empire romain, et c'est presque dire dans tout l'univers connu. Divers royaumes s'élèvent ensuite sur les démembremens de ce vaste empire. Ouvrons leurs annales.

Ann.ᵉ 535. Théodebert, roi de Metz, quitte Wisigarde son épouse, pour épouser Deutérie, qui elle-même avait divorcé avec son mari (27).

Ann. 564. Chilpéric se sépare d'Audovère, dont il avait eu trois fils et une fille, et se marie à Galasuinte, assassinée depuis par la fameuse Frédégonde (28).

_____

(27) Art de vérifier les dates, t. 1, p. 535.

(28) Id. ibid. p. 536.

Gontran, roi de Bourgogne et d'Orléans, *Ann. 565.*
canonisé par l'église, St. Gontran, après son
divorce avec Marcatrude, qu'il soupçonnait
d'avoir fait empoisonner le fils de sa première
femme, épouse Austrégilde, dont il eut deux
fils, morts jeunes (29).

Vers le même temps, Chérebert, roi de
Paris, s'était remarié après avoir quitté In-
goberge, sa première femme (30).

Je ne cite qu'à regret Dagobert I, qui ré- *Ann. 629.*
pudia la reine Gomatrude. L'exemple de ce
prince, si décrié par ses mœurs, ne peut être
ni favorable, ni contraire au divorce (31).

Pépin, duc d'Austrasie, se sépare de Plec- *Ann. 663.*
trude, pour épouser Alpaïde, mère de Char-
les-Martel (32). Sans ce divorce, nous n'au-
rions pas eu Charlemagne.

Ce n'était donc pas pour les rois seuls
qu'existait la dissolubilité du mariage. Le
moine Marculphe nous a conservé, dans son *Ann. 672.*
recueil de formules, le modèle des lettres ou

---

(29) Art de vérifier les dates, t. 1, p. 541. — Abr. du présid.
Hénault, t. 1, p. 25. — C'est donc à tort que l'auteur d'une
vie des Saints prétend que St. Gontran ne se remaria point.

(30) Art de vérifier les dates, ibid. p. 537.

(31) Id. ibid. p. 544.

(32) Id. ibid. p. 548.

contrats que faisaient entre eux, des époux
qui voulaient se séparer par le divorce : « At-
« tendu, portaient ces lettres, que des causes
« certaines et prouvées donnent lieu au di-
« vorce entre le mari et la femme, et que ce
« n'est plus la charité chrétienne, mais la dis-
« corde qui règne entre les deux époux, ils
« ont cru devoir se séparer. A ces causes, ils
« sont convenus, par les présentes lettres,
« que chacun d'eux pourrait, à sa volonté,
« passer soit dans un monastère, soit dans
« les liens d'un nouveau mariage (33). »

Enfin, Charlemagne, que la philosophie
compte au nombre des grands hommes, et la
religion au nombre des Saints, après avoir
quitté Himiltrude, pour épouser Hermengarde, fait un nouveau divorce avec cette
princesse, et se marie à Hildegarde (34). Si
la loi de l'indissolubilité eût existé alors, l'é-

Ann. 770.
Ann. 771.

---

(33) Certis rebus et probatis causis inter maritum et uxorem
repudiandi locus patet. Idcircò , dum et inter illo et conjuge
suâ illa non charitas secundùm Deum sed discordia regnat et
ob hoc pariter conversare minimè possunt , placuit utriusque
voluntas ut se à consortio separare deberent. Proptereà has
epistolas inter se uno tenore conscriptas fieri et adfirmare
decreverunt, ut unusquisque ex ipsis, sive ad servitium Dei
in monasterio, sive ad copulam matrimonii se sociare voluit,
licentiam habeat. (Marculp. form. lib. 2, cap. 30.)

(34) Hist. de Fr. de Vély, t. 1, p. 387 et 389.

glise

glise aurait-elle canonisé un prince qui, deux fois, y serait contrevenu si solennellement ; Écoutons St. Charlemagne dans un de ses capitulaires. Il porte que, « selon le précepte « de Dieu, un mariage légitime ne pourra « être séparé, excepté pour cause d'adultère, « si ce n'est du consentement des parties, et « cela pour le service de Dieu (35). » Ce capitulaire permet donc le divorce, 1°. pour cause d'adultère, 2°. du consentement des époux, pour le service de Dieu. Dans cette dernière phrase, je ne puis voir, comme le prétend un auteur, l'obligation de se faire moine ou religieux ; et certainement Charlemagne, après ses deux divorces, n'était pas entré dans un monastère.

On objectera peut-être que tous les exemples que j'ai cités sont pris sur le trône. Si nos historiens eussent parlé un peu moins des rois de France, un peu plus des Français ; j'aurais trouvé sans doute des exemples de divorce entre des particuliers ; j'en aurais trouvé beaucoup, et je vais en citer quelques-

____

(35) Adnuntiet unusquisque presbiterorum , secùndùm Domini mandatum , legitimum matrimonium , nullà occasione posse separari, exceptâ fornicationis causâ, nisi censensù amborum et hoc propter servitium Dei. (Capitul. Carol. magni. Baluz. lib. 6, cap. 191.)

C

Ann. 1032. uns : d'abord celui de Guillaume, comte de Fézenzac, qui, du vivant de sa première femme, en épousa une seconde, nommée

Ann. 1190. Constance (36). Celui de Bernard et de Béatrix, comte et comtesse de Comminges, qui tous deux se séparèrent, pour se remarier chacun de leur côté (37).

Enfin, si l'on m'objectait que, dans tous les faits que j'ai rappelés, ce sont toujours les maris qui provoquent le divorce; je répondrais d'abord que ces faits ce sont passés presque tous parmi les têtes couronnées; dès-lors il devait être rare de voir une reine demander la dissolution d'un himen, quand cette dissolution entraînait la perte d'un royaume. Sexe jaloux de dominer, vous savez que le diadême fait oublier bien des malheurs !

Je répondrais ensuite par de nouveaux faits.

Ann. 1204. On verrait Marie de Poitiers, la seconde épouse de ce comte de Comminges cité ci-dessus, provoquer le divorce, quitter cet époux, et, de son vivant, s'unir à Pierre I, roi d'Aragon (38). On verrait Pétronille se

---

(36) Art de vérifier les dates, t. 2, p. 271.

(37) Id. ibid. p. 265.

(38) Id. ibid. p. 266.

séparer de Nugnès-Sanche, seigneur Castil- Ann. 1216.
lan, pour épouser Gui de Monfort (39).

Cet exemple n'est pas le seul que m'offrent
les royaumes étrangers. En Espagne, Égica, Ann. 637.
roi des Visigots, quitta Cixilane, quoiqu'il
en eût des enfans ; Sisebert, archevêque de
Tolède, et parent de cette princesse, cons-
pira contre le roi pour venger cet affront,
et fut déposé par le concile de Tolède (40),
qui se serait élevé contre le divorce, si le
divorce eût été défendu. Trois siècles après, Ann. 952.
Ordogno, roi de Léon, renvoya dona Urraque,
et mit dona Elvire sur le trône (41).

Micislas I régnait en Pologne, lorsque des
missionnaires vinrent y prêcher l'Evangile. Le
roi et les sujets se convertirent ; la ferveur
fut telle, qu'on ajouta le mercredi aux autres
jours d'abstinence, et on condamna ceux qui
y contreviendraient, à avoir les dents arrachées. Micislas même renvoya sept concubi-
nes ; mais ce prince et ce peuple, si zélés,
conservèrent l'usage du divorce dont ils jouis-
saient depuis long - temps ; et Boleslas,

---

(39) Art de de vérifier les dates, t. 2, p. 335.

(40) Ibid. t. 1, p. 732.

(41) Id. ibid. p. 739.

C ij

fils du précédent , épousa Conilde , après avoir divorcé successivement avec Rigdag et Odda (42).

Ainsi, pendant les dix ou douze premiers siècles de l'ère chrétienne, l'usage du divorce était général dans les empires d'Orient et d'Occident, et dans les royaumes de France, d'Espagne et de Pologne, qui, avec l'Angleterre, composaient alors le monde chrétien.

----

(42) Art de vérifier les dates, t. 2, p. 67 et 68.

CHAPITRE VI.

Innovations des papes sur le divorce.

LA puissance des papes s'élevait rapidement; Rome redevenait une seconde fois la maîtresse du monde, et les souverains pontifes s'avançaient vers la monarchie universelle. Tous, animés d'un même esprit, cherchaient à conquérir, non des terres, mais des sujets, non des pays, mais des usages; et le mariage, qu'ils avaient d'abord négligé, devint une de leurs plus riches conquêtes.

Ou plutôt ce fut par une usurpation lente et détournée, par des menées sourdes et imperceptibles, qu'ils élevèrent, par degrés, le pouvoir spirituel sur le pouvoir temporel, se rendirent seuls maîtres des conditions et des formes nécessaires pour le mariage, et seuls juges des dispenses et des cassations.

Pour attribuer, au pouvoir ecclésiastique, les cassations de mariage, il fallait ôter le divorce au pouvoir civil. Le divorce fut donc supprimé ; mais l'a-t-il été par une loi précise et solennelle ? Reprenons le fil de l'histoire.

On a vu que Jésus-Christ, d'après l'ensemble et l'esprit de ses paroles, permettait le divorce, en menaçant de la vengeance céleste ceux qui en abuseraient. Mais cette interprétation, si simple, si naturelle, consacrée par les trois premiers siècles du christianisme, n'était pas favorable aux intérêts de la cour de Rome et du clergé. Elle donna lieu, dans le quatrième siècle, à diverses contestations.

Le clergé prétendit d'abord que Jésus-Christ avait permis le divorce, mais pour la cause d'adultère seulement ; c'était interpréter l'expression Πορνεία dans le sens le plus resserré et le plus éloigné de la sagesse et de la bonté divines. Ensuite il prétendit que Jésus-Christ n'avait pas permis le divorce, même pour cause d'adultère ; c'était alors nier ce qui était dans l'Évangile. La première assertion était un abus de mots, la seconde une fausseté.

Ann. 314. Aussi le concile d'Arles, composé de 600 évêques, n'osa décider la question. Il se borna à conseiller aux époux de ne pas se remarier du vivant l'un de l'autre (43) ; c'était un premier pas vers le sistême favori des papes.

Cependant les écrivains ecclésiastiques se partagèrent sur cette question : St. Ambroise et St. Épiphane se déclarèrent pour le divorce (44) ; St. Augustin pencha pour l'opinion contraire ; mais il avoua que les avis étaient partagés, et l'écriture-sainte un peu obscure à cet égard.

Pendant que les empereurs chrétiens faisaient des lois sur le divorce, les papes, qui n'osaient s'y opposer, cherchaient des adversaires moins puissans, et Fabiola leur offrit l'occasion d'une victoire plus facile.

C'était une jeune dame romaine, distinguée par sa naissance et sa piété. Mariée, par ses parens, à un homme d'un caractère absolument opposé au sien, elle éprouvait tous les malheurs attachés à un himen mal assorti. Peut-être eût-elle supporté des persécutions dont elle seule eût été l'objet ; mais c'étaient les mœurs, c'était la religion qu'elle voyait sans cesse outrager. Elle crut que la vertu

Vers l'an
380.

____

(43) Placuit ut, in quantum potest, consilium eis detur ne viventibus uxoribus, licet adulteris, alias accipiant.

(44) Existimate et omninò vobis persuadete, matrimonia morte tantùm et adulterio dirimi.

C iv

devait fuir la débauche, qu'il ne devait point y avoir de pacte entre les amis et les ennemis de Dieu, enfin qu'il fallait séparer ce que Dieu n'avait pas uni ; elle demanda et obtint le divorce.

Faite pour honorer l'état du mariage, Fabiola forma peu après de nouveaux nœuds, dans Rome même, et sous les yeux du chef de l'église. Le bonheur de ce second mariage sembla justifier sa conduite; et, pour cette fois, ce que Dieu avait uni, ne fut séparé que par la mort.

Fabiola, veuve de ce dernier époux, éloignée de l'âge où le cœur se fait entendre, rapprochée de celui où la dévotion parle quelquefois trop, se laissa alarmer sur son divorce par le pape Siricius, et crut qu'elle avait eu tort d'être sage, qu'elle avait mal fait d'être heureuse : elle fit une pénitence publique, et fut canonisée (45).

Ce n'était-là qu'un triomphe obscur et isolé. Quatre siècles s'écoulèrent pendant lesquels les papes, plus sages ou plus timides, approuvèrent ou feignirent d'ignorer les divorces qui arrivaient dans tous les états chrétiens, et dont j'ai rapporté quelques exemples. Enfin

____

(45) S. Hieron. epist. ad Oceanum.

celui de Charlemagne avec Himiltrude sa Ann. 770. première femme, fixa l'attention d'Étienne II. Charles voulait épouser Hermengarde, fille du roi de Lombardie : cette alliance était contraire au intérêts du pontife. Il mit tout en usage pour la traverser. Écoutons l'abbé de Vély, que l'on a quelquefois accusé de partialité en faveur de la cour de Rome : « Le « pape, dit-il, écrivit au roi une lettre où il « insiste sur l'indissolubilité du mariage ; il y « peint les Lombards comme une nation mé- « prisable, couverte de la plus horrible lèpre, « sans foi, sans loi, sans religion. Si l'on ne « savait que depuis 150 ans la Lombardie « était catholique, on croirait qu'il s'agit ici « d'un peuple barbare, et ennemi de Dieu. « Mais toutes ces applications étaient ajustées « aux intérêts du pontife ; elles lui parais- « saient solides, pourvu qu'elles pussent em- « pêcher une union qu'il prévoyait devoir être « funeste à la grandeur romaine (46). » On sait que Charlemagne consomma ce premier divorce, en fit un second, et qu'il n'en fut pas moins couronné empereur par un pape, et canonisé par un autre.

Un de ses arrière-petit-fils fut moins

---

(46) Hist. de Fr. de Vély, t. 1, p. 388.

heureux, parce qu'il était moins puissant. C'était Lothaire, roi de Lorraine. Marié avec Thietberge, il avait, avant cette union, conçu pour Walrade une de ces passions qui font le destin de la vie, et ne finissent qu'avec elle. Il veut rompre ses premiers nœuds, pour en former de nouveaux. Nicolas I s'y oppose.

Un écrivain moderne (47) a tracé un tableau intéressant de ce fait historique : je n'en donnerai qu'une esquisse rapide. Lo-

Ann. 860. thaire consulte le clergé ; un concile prononce
Ann. 862. la sentence de divorce (48) ; un autre concile la confirme (49). Nicolas, irrité, lance les foudres de l'excommunication ; deux légats envoyés en Lorraine, approuvent, dans
Ann. 863. un troisième concile, le mariage de Walrade (50). Le pape, dans un quatrième concile (51), où il préside, désavoue ses légats, et les fait déposer de leurs siéges. Thietberge elle-même demande le divorce, et n'est pas écoutée. Adrien II succède à Nicolas ; alors tout change : l'excommunica-

---

(47) M. Gaillard, Enciclop. hist. art. Lothaire.
(48) Concile d'Aix la-Chap. Recueil de Labbe, t. 8.
(49) Second concile, dans la même ville, ibid.
(50) Concile de Metz, Recueil de Labbe, t. 8.
(51) Concile de Rome, id, ibid.

tion est levée, Walrade est rendue à Lothaire ; mais ce prince meurt à l'instant où il allait recueillir le fruit de tant de peines ; jouet infortuné de l'ambition d'un pontife qui, désapprouvé par trois conciles, par ses légats, par son successeur, contrariant à-la-fois Lothaire, Walrade et Thietberge, fit trois malheureux, dont le bonheur n'eût point offensé la religion.

Ce fut peu de temps après, que les papes obtinrent de Léon VI, que la bénédiction nuptiale, qui n'était jusqu'alors qu'une formalité accessoire au contrat civil, serait à l'avenir indispensable. Dès ce moment, le mariage passa du pouvoir civil au pouvoir ecclésiastique, et l'on commença à connaître les dispenses et les cassations, deux sources de la richesse et de la puissance de Rome.

Ce pouvoir devint bientôt redoutable dans la main des souverains pontifes. Robert, roi de France, avoit épousé Berthe sa cousine germaine ; une tendresse réciproque faisait leur bonheur ; lorsque Grégoire V, à qui il n'avait pas demandé de dispenses, cassa le mariage, mit le royaume en interdit, et força le trop docile monarque de quitter l'épouse qu'il aimait, pour prendre Constance, princesse qui fit, pendant près de 30 ans, le malheur de la France (52). Des dispenses qui n'eussent point été refusées avant le mariage, ne pouvaient-elles donc s'accorder après? n'étaient-elles pas même alors plus nécessaires et plus justes? Mais non, il fallait, pour l'intérêt de Rome, que l'union malheureuse de Lothaire fût indissoluble, et que Robert vît dissoudre une union fortunée.

Cependant le sistême des papes s'établissoit; sans prohiber ouvertement le divorce, ils y substituaient la cassation, qui leur convenait mieux, par la seule raison qu'ils en étaient les juges. Les rois s'en mirent peu en peine, parce que, quand un himen leur déplaisait, il leur était égal de le faire dissoudre ou de le faire déclarer nul. C'est ainsi que Louis-le-Gros quitta Luciane de Rochefort (53); Louis-le-Jeune, Éléonore d'Aquitaine (54); et Philippe-Auguste, Isemburge (55). Il suffisait de trouver ou de

---

(52) Hist. de Fr. de Vély, t. 2, p. 296.

(53) Ibid. t. 2. p. 431.

(54) Ibid. t. 3. p. 161.

(55) Ibid. t. 3. p. 375. Philippe-Auguste était veuf d'Isabelle, quand il épousa Isemburge. Lorsqu'il voulut ensuite faire casser son mariage avec cette dernière, il fallut que des témoins affirmassent, par serment, qu'il y avait parenté entre Isabelle de Hainaut, et Isemburge de Danemarck.

supposer un degré quelconque de parenté. C'est ainsi enfin que notre immortel Henri IV fit annuller son mariage avec Marguerite de Valois (56). Eh ! pourquoi ces princes n'osaient-ils dire leurs vrais motifs, quand personne ne les ignorait? pourquoi recourir à un subterfuge indigne de la morale et de la religion ? à des mensonges publics qui souillaient également la bouche d'un roi de France , et l'oreille d'un chef de la chrétienté? Les effets du divorce et de la cassation sont les mêmes; les moyens seuls sont différens : l'un a une marche franche et honnête ; l'autre une marche oblique et mensongère ; et c'est ce dernier que l'on préférait ! Sans doute ; c'est le seul qui donnait à Rome une juridiction et des épices (57).

----

(56) Mém. de Sully, t. 4, p. 12.

(57) Que l'on ne croie pas que je veuille m'élever contre la puissance des successeurs de St. Pierre , des représentans de J. C. C'est précisément parce que j'en respecte l'usage, que j'en attaque l'abus.

CHAPITRE VII.

Décisions des conciles sur le divorce.

COMMENT s'est perdu l'usage du divorce? Une lente usurpation l'a enlevé à l'insouciance des peuples et à l'ignorance des temps; les décisions des conciles qui le défendaient, ont insensiblement prévalu sur celles qui le permettaient. On va voir si l'indissolubilité du mariage est une de ces vérités éternelles sur lesquelles les conciles n'ont jamais varié.

Ann. 76.
On met, au nombre des canons des conciles, les constitutions attribuées aux apôtres, et reconnues pour être de leurs successeurs; elles défendaient le divorce sans cause; mais, quand il y avait un juste motif, elles le permettaient, et même le prescrivaient (58).

(58) Il n'est pas permis de renvoyer une femme non coupable; mais conserver celle qui a violé la loi de la nature, c'est violer la loi soi-même. Retranchez cette épouse de votre chair, car ce n'est plus alors un aide (allusion aux paroles de la Bible), mais un ennemi. — Constit. apost. Recueil des conciles de Labbe, t. 1.

Le concile d'Elvire excommunie les femmes   Ann. 313.
qui, ayant quitté leurs maris *sans sujet,* en
épousent d'autres. Il leur permet donc implicitement de se remarier, quand elles auront
eu un sujet de quitter leurs époux (59).

Celui d'Arles *conseille* seulement aux époux,   Ann. 314.
dont les femmes ont été adultères, de ne pas
se marier à d'autres, quoique les lois le leur
permettent (60).

Celui de Néocæsarée ordonne au clerc dont   Idem.
la femme aura commis un adultère, de la
répudier (61).

Les conciles de Gangres (62) et de Mi-   Ann. 340
lève (63) sont contraires au divorce.   et 402.

Celui de Carthage décrète de demander à   Ann. 407.
l'empereur une loi pour abroger celles qui
permettaient le divorce (64).

Défendu par le concile d'Angers, (65),   Ann. 453.
il est permis, pour cause de fornication, et

---

(59) Hist. des conciles, par Hermant, t. 2, p. 50. — Recueil
de Labbe, t. 1, p. 971.

(60) Herm. ibid. p. 71. — Lab. t. 1.

(61) Herm. ibid. p. 83. — Lab. ibid.

(62) Herm. ibid. p. 132. — Lab. t. 2.

(63) Lab. ibid.

(64) Herm. ibid. p. 217. — Lab. ibid.

(65) Herm. ibid. p. 261. — Lab. t. 3

Ann. 465. selon l'Evangile, par celui de Vannes (66).

Ann. 506. Celui d'Adge permet aux époux de divorcer après un jugement de leur évêque diocésain (67). Celui de Tolède permet aussi de divorcer pour cause d'adultère (68).

Ann. 681.

Ann. 693. On a déjà vu qu'un autre concile de Tolède avait déposé l'évêque de cette ville, qui s'était opposé au divorce du roi Égica ; un canon exprès ordonna des vœux pour la prospérité de ce prince (69).

Ann. 720. Le pape St. Grégoire II, dans une épître, mise par l'église au nombre des canons, permet à un mari, dont la femme était hors d'état de lui rendre le devoir conjugal, de se remarier à une autre (70).

Ann. 745. Le sinode de Soissons autorise les époux à quitter leurs femmes adultères (71).

Ann. 752. Suivant le concile de Verberies, le mari peut quitter sa femme, quand elle a conspiré contre sa vie, et en prendre une autre (72) ; et la femme dont le mari aura

---

(66) Herm. t. 2, p. 265. — Lab. t. 3.

(67) Herm. ibid. p. 318. — Lab. t. 4.

(68) Herm. ibid. p. 454. — Lab. t. 6.

(69) Voyez ci-devant page 35.

(70) Herm. ibid. p. 477.

(71) Herm. ibid. p. 492. — Lab. t. 6.

(72) Herm. ibid. p. 500. — Lab. ibid.

commis

commis un adultère, peut prendre un autre époux (73).

Le concile de Compiègne autorise le mari d'une lépreuse et la femme d'un lépreux, à former de nouveaux liens (74). Ann. 756.

Concile de Rome qui permet le divorce, pour cause d'adultère (75). Ann. 826.

Lettre du pape Nicolas I, surnommé le Grand, mise au rang des canons. L'article 96 permet le divorce pour cause d'adultère (76). Ann. 859.

C'est ce même pontife qui s'opposa ensuite aux desirs de Lothaire, lorsque l'on vit trois conciles approuver le divorce de ce prince, et un quatrième condamner les trois autres (77). Ann. 860.

Le concile de Tibur permet le divorce dans un cas assez compliqué (78). Ann. 895.

Les trois conciles de Bourges (79), de Rheims (80) et de Rouen (81), prohibent Années 1031, 1049. 1072.

---

(73) Herm. t. 2, p. 503.
(74) Herm. ibid. p. 510. — Lab. t. 6, p. 1659.
(75) Herm. t. 3, p. 40. — Lab. t. 7.
(76) Herm. ibid. p. 94.
(77) Voyez ci-devant, page 42.
(78) Herm. ibid. p. 132. — Lab. t. 9.
(79) Herm. ibid. p. 177. — Lab. ibid.
(80) Herm. ibid. p. 186. — Lab. ibid.
(81) Herm. ibid. p. 206. — Lab. ibid.

D

 le divorce ; mais celui de Dalmatie veut qu'il ne soit prononcé que par un jugement de l'église (82).

Enfin, Alexandre III, consulté par des prélats français, répondit que, « quoique « l'église romaine ne fût pas dans l'usage de « dissoudre les mariages légitimes, si la cou- « tume de les dissoudre existait en France, « elle pouvait y être tolérée (83). »

Rien n'était donc moins certain jusqu'alors, que la jurisprudence ecclésiastique sur l'in- dissolubilité du mariage. L'usage s'en perdait dans l'église latine, tandis qu'il était conservé dans toute l'église grecque. Le concile de Flo- rence, assemblé pour l'extinction du schisme qui divisait les deux églises, décida que la diversité des opinions sur les objets de dis- cipline, n'était pas un obstacle à la réunion, et que les Grecs pouvaient conserver le di- vorce (84). Un concile général en eût-il toléré l'usage dans une si grande partie de la

---

(82) Herm, t. 3, p. 285.

(83) Licet romana ecclesia non consuevit propter maleficia legitimè conjunctos dividere, si tamen consuetudo generalis gallicanæ ecclesiæ habet ut ejusmodi matrimonium dissolvatur, nos patienter tolerabimus.

(84) Lab. t. 13. —— Histoire du schisme des Grecs, par Maimbourg.

chrétienté , s'il eût été contraire à l'Evangile ?

Cependant ce même concile consacrait, dans l'église latine, l'indissolubilité du mariage; mais, comme c'était consacrer en même temps le malheur d'un nombre infini de mariages , il permit aux époux la séparation de lit et de table, la plus immorale et la plus impolitique de toutes les institutions.

Rome continuait à étendre son pouvoir, lorsque Luther parut. Cet hérésiarque profita des abus de la puissance temporelle des papes , pour attaquer leur puissance spirituelle; il eut l'adresse de mêler, à un grand nombre d'erreurs sur la foi, quelques vérités sur les mœurs, et la religion ne pleurerait pas aujourd'hui ses dangereuses innovations, si la raison n'avait pas eu à se féliciter de quelques réformes utiles. Du nombre de ces dernières , fut le rétablissement du divorce.

Ann. 1517.

Le divorce fut aussi seul la cause du schisme de l'Angleterre. Henri VIII , quittant, après 20 ans de mariage , une princesse vertueuse, pour épouser Anne de Boulen, sa maîtresse, ne devait pas inspirer à ses peuples beaucoup d'intérêt. Cependant la cause qu'il défendait était trop belle par elle-même , pour qu'il pût y nuire par l'application personnelle qu'il en faisait ; et les Anglais n'eussent jamais favorisé les amours inconstans d'un monarque peu estimé, si par-là ils ne s'étaient pas réintégrés eux-mêmes dans les droits de la nature et de la raison.

Ann. 1545.

Pour arrêter le cours de tant de pertes diverses, l'église convoqua le concile général de Trente, qui dura huit ans, et fut successivement présidé par trois pontifes.

22 juillet
1563.

Les commissaires nommés pour la rédaction des canons sur le mariage, présentèrent entre autres le canon suivant : « Si quelqu'un « dit que le lien du mariage peut être rompu « pour cause d'hérésie, de cohabitation fâ« cheuse, ou d'absence affectée de l'une des « parties, qu'il soit anathême (85). »

Les mêmes commissaires n'avaient pas cru devoir user du mot anathême dans un autre canon relatif au divorce pour cause d'adultère ; mais ceux qui étaient pour l'indissolubilité du mariage, même dans le cas d'adultère, proposèrent la rédaction suivante : « Si « quelqu'un dit que le lien du mariage peut

---

(85) Si quis dixerit propter hæresim, aut molestam cohabitationem, aut affectatam absentiam à conjuge, dissolvi posse matrimonii vinculum, anathema sit. (Concil. Tridentin. sessio 24, canon. 5.)

« être rompu pour cause d'adultère , qu'il
« soit anathême. »

L'assemblée fut surprise de voir condamner
le divorce permis par le code Justinien :
quelques prélats voulurent, par respect pour
l'opinion de St. Ambroise et de plusieurs
pères de l'église grecque , qui était favorable
au divorce , faire retrancher l'anathême , et
ne présenter l'indissolubilité du mariage que
comme une opinion. D'autres observèrent que
les Grecs pratiquaient le divorce sans qu'ils
eussent jamais été condamnés ni repris par
aucuns conciles , et qu'il fallait rédiger le
canon de manière qu'il ne leur fît aucun
préjudice. On le changea donc , et l'on se
borna à prononcer anathême contre celui qui
prétendrait « que l'église se trompe, quand
« elle enseigne que l'adultère ne dissout point
« le mariage (86). »

. On voit que les sentimens des pères du
concile étaient partagés , et que le canon,
rédigé d'une manière timide, incertaine et en-
veloppée , dit bien que l'opinion de l'indissolu-

____

(86) Si quis dixerit ecclesiam errare, cum docuit et docet,
juxtà evangelicam et apostolicam doctrinam , propter adulterium , matrimonii vinculum non posse dissolvi, ... anathema
sit. (Concil. Trident. sessio 24, can. 7.)

bilité n'est pas une erreur, mais ne dit pas que l'opinion de la dissolubilité en soit une (87).

Ainsi l'indissolubilité du mariage n'est pas un article de foi même en Italie. Elle l'est bien moins encore en France, où le concile de Trente n'a jamais été reçu (88), où les parlemens ont long-temps défendu aux avocats d'en citer les décrets (89), où la Sorbonne et l'université ne permirent jamais d'enseigner conformément à ses canons (90), où l'on compte enfin 32 décisions importantes qui n'ont jamais eu d'exécution (91).

J'ai cité, avec fidélité, les décisions des conciles et des papes, et l'on voit que, de 32 canons qui traitent du divorce, 13 seulement lui sont opposés, et 19 lui sont favorables. Quand même la rapidité de mes recherches m'aurait fait faire quelques omissions, il est probable que la balance serait toujours en faveur de la cause que je défends.

Dans cette variété de sentimens des pères de l'église, des papes, des conciles, qui

____

(87) Notes sur le concile de Trente, impr. en 1711, p. 358.
(88) Dissert. impr. à la suite de l'ouvr. précéd. p. 3.
(89) Ibid. p. 6.
(90) Ibid. p. 4.
(91) Ibid. p. 39 et 42.

pourrait ne pas embrasser avidement l'opinion qui, à autorités égales, est par elle-même la meilleure? combien doivent être surpris ceux qui, sans examen, ont cru jusqu'à présent que la religion était contraire au divorce! Rassurez - vous, ames pieuses; suivez sans crainte le sentiment de justice qui vous entraîne vers le divorce : vous aurez pour vous, l'Evangile, les Constitutions apostoliques, St. Ambroise, St. Epiphanes, Ste. Fabiola, St. Gontran, St. Charlemagne, les trois papes St. Grégoire II, Nicolas I, et Alexandre III, les 16 conciles que j'ai cités, toute l'église grecque, et l'usage actuellement existant de la Pologne, qui professe la religion catholique, apostolique et romaine.

CHAPITRE VIII.

État actuel des choses, relativement au divorce.

Jetons un coup-d'œil rapide sur les divers temps que nous avons parcourus : nous avons vu le divorce institué dès la naissance du monde, admis chez les Juifs, chez les Egiptiens, les Athéniens et les Romains; approuvé par Jésus-Christ, quand il est fondé sur de justes motifs; pratiqué par les premiers chrétiens, par plusieurs Saints; permis par toutes les lois civiles, par les écrits de deux pères de l'église, par plusieurs papes, et par un très-grand nombre de conciles.

Examinons ensuite le moment présent : la terre se partage entre le christianisme, le mahométisme et l'idolâtrie; le christianisme se divise en deux églises, l'une latine, l'autre grecque; et l'église latine, en partie catholique et partie protestante.

Le divorce est pratiqué par la portion de

la terre qui suit le mahométisme et l'idolâtrie, et c'est malheureusement la plus considérable.

Dans la chrétienté, l'église grecque en a toujours conservé l'usage.

Dans l'église latine, la partie protestante a rétabli ce même usage.

Ainsi il ne reste que la seule église catholique qui admette l'indissolubilité du mariage.

Il y a plus, ce sistême d'indissolubilité n'est pas même général dans la catholicité : la Pologne, royaume catholique, et dans lequel le pape a toujours un légat, pratique ouvertement le divorce.

Il y a plus encore, dans le surplus de la catholicité, l'indissolubilité est plutôt tolérée que reconnue ; elle existe de fait plus que de droit ; on y a oublié, et non pas proscrit le divorce.

En France sur-tout, où le concile de Trente n'est pas reçu, je ne sais ce que répondraient des juges, au citoyen qui leur tiendrait ce discours :

« Je suis marié, et mes liens, marqués du « sceau de la réprobation céleste, font mon « malheur, celui de l'être qui m'est uni, celui

« de tout ce qui m'environne, celui des fa-
« milles qu'ils divisent, celui de la société
« qu'ils me forcent de troubler. Je réclame
« les droits de la nature, qui permet à tous
« les êtres de sortir d'où l'on est mal, et d'al-
« ler où l'on sera mieux ; je réclame les lois
« civiles qui autorisent la dissolution d'une
« union mal assortie, et la formation d'une
« union plus raisonnable. Que m'objecterez-
« vous ? Les lois canoniques ? le plus grand
« nombre m'est favorable, et vous défendez
« de citer dans vos tribunaux la seule qui me
« soit vraiment contraire. L'usage ! mais c'est
« moi qui vous oppose l'usage de tous les
« temps et de tous les peuples ; aux six der-
« niers siècles du christianisme, j'oppose les
« douze premiers ; des treize siècles de la
« monarchie française, les sept premiers sont
« pour moi. L'usage, dites-vous ? mais l'usage
« ne doit parler que quand la loi se tait. J'in-
« voque des lois formelles, répondez par d'au-
« tres lois qui les ayent abrogées ; jusque-là,
« c'est moi qui leur suis fidèle, c'est vous qui
« êtes les prévaricateurs. Rendez-moi donc
« la justice et le bonheur que la société doit
« à tous ses membres, ou craignez que, par
« mes désordres involontaires, je ne punisse
« la société qui aura violé à mon égard les

« principes du droit divin , du droit naturel,
« du droit politique et du droit civil. »

Combien ces réflexions , puisées dans la
vérité de l'histoire, doivent détromper ceux
qui pensent que , pour permettre le divorce,
il faudrait tout bouleverser ! Eh non ! c'est
quand il est défendu , que tout est bouleversé.
Il ne faut pas créer, il ne faut que rétablir ;
les lois sont faites , il ne faut que les remettre
en vigueur. Le divorce n'a jamais été détruit :
il dort ; réveillons-le , et tirons-le d'un assou-
pissement qui a trop long-temps fait gémir
l'humanité.

Ici j'aurais fini ma tâche, si je ne parlais
qu'à ces esclaves du préjugé , à qui tout ce
qui est ancien paraît respectable, et qui exa-
minent, dans tout, non ce qu'il y a de mieux
à faire, mais ce qui s'est fait le plus souvent.
Ceux-là s'empresseraient de rétablir une institution qui a pour elle la pluralité des siècles
et des peuples.

Mais on ne préjuge plus, on juge aujour-
d'hui ; on cherche, non ce qui est , mais ce qui
doit être ; on veut des raisons , et non des
autorités ; et l'on commence à croire que nous
pouvons, dans un siècle éclairé, faire mieux

que n'ont fait nos pères dans des siècles d'i-
gnorance. Il me reste donc à examiner si le
divorce en lui - même est bon ou mauvais,
avantageux ou nuisible. C'est une nouvelle
carrière où j'entre avec plus de plaisir, mais
où j'ai besoin de plus d'indulgence, parce
que, fermant tous les volumes qu'il m'a fallu
parcourir, je ne lirai plus que dans le grand
livre de la raison.

FIN DU PREMIER LIVRE

LIVRE II.

NÉCESSITÉ ET AVANTAGES

DU DIVORCE.

CHAPITRE Iᵉʳ.

Le divorce est conforme à la nature.

La nature est la mère de tout ce qui existe, et, comme toutes les mères, elle aime que ses enfans soient heureux, et qu'ils se perpétuent dans d'autres enfans ; ses deux premiers desirs sont donc le bonheur des êtres et leur reproduction.

Le mélange confus des deux sexes serait une source de désordres, de querelles, d'incertitudes sur la paternité; il ferait le malheur des hommes, des femmes et des enfans : il est donc contraire à la nature.

il ne serait pas contraire à la nature qui a fait toutes les femmes pour tous les hommes (et vice versa), qui a fait tout pour tous, mais à la société.

Plusieurs femmes, qui n'ont qu'un mari, ne sont pas heureuses; plusieurs hommes ne seraient pas heureux avec une seule femme; ainsi la poligamie et la poliandrie sont condamnées par la nature.

Dans l'union d'un seul homme avec une seule femme, chacun des deux sexes a une égale portion de bonheur; les enfans jouissent, dans une juste proportion, des sentimens et des soins paternels et maternels; cette union est donc la seule qui puisse remplir tous les vœux de la nature, mais elle ne les remplit pas toujours.

Dans les premiers temps de l'univers, le desir rapprocha un jeune homme et une jeune fille; l'amour forma leur union; leurs enfans en prolongèrent la durée; le souvenir, la reconnoissance et la douce habitude la firent subsister même dans la vieillesse; et l'himen fut alors un enchaînement de plaisirs et une succession de sentimens.

Mais lorsque, dans leur jeunesse, deux époux se virent séparés l'un de l'autre; quand, par exemple, l'un des deux fut emmené, par des ennemis, dans une captivité probablement éternelle, l'époux resté seul a-t-il pu se croire obligé de languir toute sa vie? Ah! sans doute, après que le temps eut un peu

calmé sa douleur, lorsque son ame se r'ouvrit
au plus naturel des desirs, cet époux malheureux a cru suivre et non pas blesser la
nature, en cherchant, dans un autre himen,
le bonheur et les enfans que le premier ne
pouvait plus lui donner.

Si les deux époux, sans être séparés, ne
trouvent pas l'un avec l'autre le bonheur
qu'ils s'étaient promis, s'ils ne voient aucun
fruit féconder leur union; que leur prescrit
la nature? De rester dans le malheur et la
stérilité! Non, sa voix les appelle au bonheur,
à la reproduction; elle leur crie de chercher,
dans un second himen, ce que le premier
leur refuse.

La nature, dit-on, veut qu'un mariage soit
indissoluble; oui, mais qu'est-ce qu'un mariage selon la nature? C'est l'union qui fait
le bonheur des époux et leur donne des enfans; ceux qui jouissent d'une telle union ne
doivent pas la dissoudre et ne le voudront
pas; mais une union malheureuse et stérile
n'est plus un mariage, car elle produit précisément des effets opposés à ceux que la
nature en attendait.

Un fou trouva un jour un épervier et une
colombe, l'un mâle, l'autre femelle; il les
enferme dans le même lieu; au bout de quel-

ques heures, il voit l'épervier furieux et les plumes hérissées, la colombe abattue et couverte de sang. Un sage survient, leur donne la liberté, et chaque oiseau s'envole. Mon ami, dit le sage, il ne suffit pas, pour former un couple d'oiseaux, de réunir un mâle et une femelle; il ne suffit pas de réunir un homme à une femme pour faire un mariage; il faut assortir ceux qu'on veut mettre ensemble, et, quand la folie a fait une erreur, c'est à la sagesse à la réparer.

La méprise, qui réunit un instant ces deux oiseaux, les empêchera-t-elle de s'unir chacun à une compagne de son espèce? Non, sans doute; la nature, au contraire, le leur prescrira.

Cependant, parmi nous, quand deux époux sont mal assortis, que fait-on? Quelquefois on consent à les séparer; alors, du moins ils pourront vivre, leur existence ne sera plus en danger, et l'un des vœux de la nature ne sera pas violé aussi ouvertement; mais l'autre vœu, celui qui appelle tous les êtres à perpétuer leur espèce? Ah! sous ce rapport, je ne sais si la séparation n'est pas plus contraire à la nature que l'union malheureuse : tant que les époux sont ensemble, on peut espérer qu'un instant de trève les rapprochera, qu'une

réconciliation

reconciliation passagère, inutile à leur bonheur, ne le sera pas à la reproduction; mais
séparés, sans occasion, sans liberté de se re-
voir, ils n'ont que le choix de la stérilité ou
de l'adultère : toujours aux prises avec leur
cœur et leurs sens, leurs beaux jours se flé-
trissent dans de pénibles combats, où il est
également triste de vaincre et d'être vaincu;
ils sont enfin dans cette position bien immorale, où la nature est forcée de condamner
la vertu, où la vertu consiste à étouffer la
nature.

Voyez ce jeune homme : une constitution
forte et saine, une ame sensible et honnête,
tout annonce qu'il peut être père, et bon
père ; mais l'épouse à laquelle il s'est lié
est dans un couvent, et mérite d'y rester.
Et lui, irréprochable en tout, le voilà dans
la situation bizarre et contrastante, où les
plaisirs légitimes sont impossibles, où les
jouissances possibles sont illégitimes.

Et cette femme, jeune encore : la nature
écrit dans ses traits, sur son sein, dans son
cœur, qu'elle peut et qu'elle doit être mère ;
mais les lois l'ont arrachée aux fureurs d'un
époux, et la voilà pour jamais isolée sur la
terre. Doux nom de mère ! vous ne ferez jamais tressaillir son cœur ! jamais elle ne verra

autour d'elle ces enfans qu'elle était faite
pour mettre au monde et pour aimer.

O vous! à qui la nature a dicté les droits
de l'homme, rendez à tant d'hommes le droit
que la nature donne à tous les êtres ; vous,
sur-tout, qui êtes époux et pères, rendez
ces deux titres si doux à ceux qui, malgré
eux, ne peuvent en jouir; permettez-leur de
rompre des nœuds bizarrement assortis, et de
chercher, dans d'autres nœuds, le bonheur
conjugal et paternel; et que les adversaires
du divorce disent ensuite ce que cette dissolution a de contraire à la nature, quels
vœux de la nature elle élude, quelle loi de
la nature elle offense; ou plutôt qu'ils con-
viennent que ce moyen est le seul conforme à
la nature, le seul favorable aux deux grands
principes du bonheur et de la reproduction
des êtres.

Ah ! peut-être, un jour, revenus dans vos
foyers, là où vous aviez laissé un ménage
stérile ou malheureux, vous retrouverez deux
familles nombreuses et fortunées, et, dans
votre attendrissement, vous direz : « Non,
« donner le bonheur à quatre époux et l'exis-
« tence à plusieurs enfans, ce n'est pas offen-
« ser, c'est servir la nature ! »

CHAPITRE II.

Le divorce est conforme à la justice.

On a fait quelquefois des objections contre le divorce ; mais il n'est venu dans l'idée de personne de dire que le divorce fût une injustice ; car ce serait dire qu'il est injuste de réprimer le crime et de protéger l'innocence.

En effet, dans un mariage discordant il y a presque toujours un oppresseur et un opprimé ; et, dès-lors, une double infraction des lois de la justice.

Je ne chercherai pas à accuser ou à défendre un sexe plutôt que l'autre ; je dirai seulement que l'homme, plus libre que la femme avant et après le mariage, a plus de moyens qu'elle de se garantir d'un mauvais choix, et, quand ce choix est fait, d'en adoucir les suites. Cependant combien ne voit-on pas d'hommes payer un moment d'erreur par une vie entière de souffrances !

E ij

Un homme honnête et sensible se marie ;
l'intérêt, l'amour, une passion quelconque l'a
aveuglé sur les défauts de celle qu'il épouse ;
ou elle-même a su les cacher ; ou, enfin,
s'il en a aperçu le germe, il a espéré l'étouffer par de sages avis et de bons exemples,
et il a compté sur le charme communicatif
de la vertu ; mais, à peine marié, il reconnaît,
il déplore son erreur. Il a, dira-t-on, la
puissance en main : oui ; mais, pour une
ame aimante et douce, qu'il est pénible de
haïr et de punir ! Il est le maître de la fortune, du ménage, des enfans, des domestiques et du choix des sociétés : je le suppose ;
mais la femme n'a-t-elle pas mille moyens de
dissiper cette fortune ; de troubler ce ménage
dans tous ses détails ; de gâter l'éducation
phisique et morale de ces enfans ; d'éconduire
de bons serviteurs ; de tolérer des valets infidèles ; de former enfin, malgré son mari,
les sociétés les plus pernicieuses ? avec tout
son pouvoir, en sera-t-il moins blessé dans
tous les endroits sensibles à un honnête
homme ? d'ailleurs, l'expérience ne prouve-
t-elle pas que cette puissance maritale, si
terrible dans les mains d'un mauvais mari,
est presque nulle dans celles d'un époux vertueux ?

Égarée par son cœur, par ses sens ou par de mauvaises sociétés , une femme devient infidèle; l'époux trahi ne doit plus la voir qu'avec mépris, qu'avec horreur ; sa douleur est juste, sa colère est sage, la société l'approuve ; mais la société veut qu'il reste encore le mari d'une femme qui a cessé d'être sa femme ; qu'il conserve un lien qu'elle a rompu ; qu'il respecte un contrat qu'elle a violé. N'est-ce pas punir la vertu, et récompenser l'adultère ?

Je vois un homme porter, dans ses traits, l'empreinte d'un chagrin concentré : il soupire à l'aspect de ses enfans, il frémit aux mots d'épouse et de mère. C'est le mari d'une femme tombée en démence ; c'est , malgré la nullité affreuse de ses liens, l'époux forcé d'une femme qui n'en est plus une ; d'un être dégradé, ravalé au rang des brutes ; d'un objet de tristesse et d'horreur, que la société éloigne de son sein, sans la désunir entièrement de son époux, et en qui le mariage survit, pour ainsi dire, à l'humanité.

Quelle existence que celle de l'infortuné qui a uni ses destins à ceux d'une femme insensée, infidèle, ou d'une humeur insupportable ?

Quoi, cet homme irréprochable dans ses

sentimens et dans sa conduite, cet homme dont on vante les talens et les qualités, la société, pour prix des services qu'elle en reçoit, le condamne à jamais au malheur! Il ne trouve point, en rentrant chez lui, le repos mérité par ses travaux du jour, et nécessaire à ceux du lendemain! fait pour être heureux, pour rendre heureux tout ce qui l'environne, la joie est bannie de son cœur, et ses yeux ne la verront jamais régner autour de lui! l'amertume, le chagrin, le désespoir minent insensiblement des jours utiles à sa patrie et à sa famille; il succombe enfin, et l'on s'étonne de voir périr celui à qui la fortune et la vertu semblaient promettre des jours longs et heureux! Ah! l'on ne sait pas combien il a dévoré de chagrins intérieurs; combien il a versé de larmes solitaires; on ne sait pas qu'il périt victime d'une union mal assortie; ou, si on le sait, on répand des pleurs stériles sur sa tombe, et l'on ne pense pas que cette tombe va se r'ouvrir pour d'autres victimes semblables.

Mais c'est sur le sexe le plus faible que le malheur tombe, et plus souvent, et avec plus de force. Une jeune fille se marie presque toujours au gré de ses parens: elle n'ose influer sur leurs choix, quelquefois elle l'oserait en vain ; timide, sans expérience, sans volonté, elle marche à l'autel, et la voilà liée à un homme dont il lui a été impossible ou inutile de voir les défauts.

Si une femme a peu de moyens d'éviter un mauvais choix, elle en a encore moins d'en corriger les effets : le mari est le maître ; et, puisque la méchanceté sans pouvoir est si redoutable, que doit-ce être quand elle est réunie à la puissance ?

Cependant la malheureuse femme voit se développer et s'accroître, dans son époux, ou une passion violente, ou une humeur insociable : c'est un joueur, ou un libertin, ou un jaloux, ou un avare, ou un furieux ; c'est quelquefois tout cela ensemble. Que deviendra sa triste compagne ? Elle ne peut ni faire un pas, ni se permettre une légère dépense, sans l'ordre de son maître ; elle n'ose, sans son aveu, donner à son enfant une leçon, une caresse ; elle ne peut ni rester, ni fuir, ni parler, ni se taire, s'il ne le veut pas ; c'est la plus misérable esclave du plus redoutable tiran. Épouse chaste, fille tendre, mère sensible, maîtresse affable, amie généreuse, elle verra souiller le nœud conjugal, insulter ses parens, tourmenter ses enfans, maltraiter ses domestiques, manquer à toute la société. Persécutée dans tout ce qui lui est cher, tout ce qui charme les autres est affligeant pour elle. Forcée de partager, avec de viles courtisannes, les plus odieuses caresses, elle voit couler dans ses chastes veines, le fruit honteux du libertinage de son époux; elle donne, à ses enfans, dans le flanc le plus pur, un sang vicié par des crimes qui ne sont pas les siens.

Pénétrons dans l'intérieur de ce ménage infortuné, tout y porte la fatale empreinte du désordre et du malheur : de ce séjour sont bannis la douce liberté, l'aimable confiance et l'innocente joie. Un homme toujours dans un état violent, sombre et terrible; une femme flétrie par la douleur et le désespoir; d'un côté des reproches, des menaces, des outrages, des sévices; de l'autre, des larmes, des sanglots. Le jour, la nuit, à chaque heure, à chaque instant, mêmes fureurs, mêmes souffrances; c'est le foie renaissant sous le vautour rongeur; c'est cet effroyable enfer, où des flammes inextinguibles brûlent, sans les consumer, et les bourreaux et les victimes.

Nous entendons dire souvent : Cet homme a fait mourir sa femme de chagrin; mais sait-on bien ce que c'est que ce genre de mort? se fait-on une idée d'un supplice qui dure, non pas une heure, un jour, un mois, un an, mais des années entières ? et ce sup-plice, c'est un innocent qui le souffre !

Quelle est cette femme qui cache, dans le fond d'une retraite, sa douleur, son nom et son existence ? est-ce une criminelle désho-norée ? Non : c'est l'innocente, l'honorable épouse d'un scélérat flétri par la justice, mais qui, trop dépravé pour s'affecter de son in-famie, en laisse retomber toute l'horreur sur sa triste compagne. L'Assemblée nationale a déja décrété que les fautes étaient person-nelles ; mais, à l'égard des femmes, sans le divorce, ce décret serait inexécutable.

Quoi, on laissera unis la douceur à la vio-lence, la vertu au vice, la pudeur au liberti-nage, la raison à la démence, l'innocence au crime, et l'honneur à l'infamie ! Quoi, la mort morale, et la mort civile ne détruiront pas les mariages, de même que la mort phi-sique ! Caligula, dit-on, faisait mourir un vivant accollé au cadavre infect d'un mort. Voilà l'indissolubilité !

Qu'on ne croye pas que j'aye tracé d'idée ces tableaux d'un mari malheureux et d'une femme malheureuse. J'ai eu des modèles ; la capitale, les provinces, les villes, les cam-pagnes en offrent une infinité ; et peut-être

n'existe-t-il personne qui n'ait, dans sa famille ou dans ses amis, l'exemple d'un ménage
plus ou moins ressemblant aux ménages que
j'ai peints.

Ces malheurs sont si réels, qu'on les a
prévus en admettant la séparation ; et cette
séparation comment s'opère-t-elle ?

Souvent on a vu un mari, par un ordre
arbitraire, faire enfermer sa femme, ou dans
un couvent, ou dans une maison de correction, selon son état et son rang. On connaît
trop l'abus des lettres de cachet, et l'expérience apprend que ce qui ne devrait punir
que les femmes coupables, est souvent le
partage des innocentes. Mais je veux que la
femme soit réellement coupable ; je demanderai d'abord si elle l'est assez pour une telle
punition, car l'époux peut avoir de justes
raisons pour la quitter, sans avoir des motifs
assez forts pour la priver de sa liberté. Sup-
posant ensuite que la femme ait réellement
mérité d'être enfermée, je demanderai si
l'homme en sera beaucoup plus heureux,
s'il le sera autant qu'il a droit de l'être ? Non,
il faudra qu'il renonce aux douceurs du mariage, et, s'il n'a pas d'enfans, qu'il n'en ait
jamais ? N'est-ce rien, d'ailleurs, que de penser qu'on est, même avec équité, le geolier,

le détenteur d'un autre être? Ah ! cette ressource est si fâcheuse, que les maris vertueux
et sensibles aiment mieux souffrir que d'y
avoir recours; et que, comme toutes les institutions vicieuses, elle profite aux méchans
sans être utile aux bons.

La ressource offerte aux femmes, est plus
révoltante encore.

Lorsque après bien des tourmens, une
femme opprimée élève sa voix mourante vers
un tribunal, on veut bien l'écouter, pourvu
qu'elle prouve ou des sévices, ou des diffa-
mations. Cette jurisprudence connue est fa-
cilement éludée par un homme adroit, qui,
se permettant tout, hors de battre et d'accuser sa femme, ou bien ne la frappant et
ne l'injuriant jamais devant témoins, est sûr
de gagner toujours sa cause.

Cependant, si elle n'a pas l'un ou l'autre
moyen, les juges la plaignent et la renvoyent
à son époux, c'est-à-dire, à un homme plus
aigri , plus furieux qu'auparavant, et qui,
ajoutant la vengeance à la haine, appesantira
les chaînes que l'on aura voulu briser. Et
voilà, dans un état policé, un opprimé qui
n'est pas secouru, un oppresseur à qui on
n'ôte pas ses armes, à qui on en donne de
nouvelles.

Ah ! l'on frémit ; on sent que , sous le rapport de la justice, le plus pressé est d'arracher la victime à l'assassin , et que la séparation est le premier devoir ; par quelle fatalité faut - il que l'on y ait mis tant d'entraves !

Et ces entraves, qui arrêtent-elles ? est-ce la femme adroite, qui, pour être libre dans ses plaisirs, demande à se séparer ? Non , celle-la saura bien trouver des preuves et des témoins ; ce sera donc celle réellement à plaindre, mais qui, honnête et délicate, n'oserait se permettre l'ombre d'un mensonge ou d'une séduction.

S'il était donc possible que le divorce ne fût pas rétabli , je voudrais que la séparation..... Mais non, je ne veux pas supposer ce que je crois impossible.

Enfin, la loi sépare cette épouse trop digne de pitié, elle lui rend la vie et la tranquillité ; c'est beaucoup, mais est-ce tout ? La société ne lui doit - elle rien au - delà ? Hélas ! cette jeune épouse, mille fois moins malheureuse, n'est pas heureuse encore ; sa chaîne est allégée, mais elle n'est pas rompue ; mais son cœur lui demande de nouveaux liens qu'elle ne peut former : c'est la sauver des flots, pour la laisser étendue sur le rivage ; c'est, en quelque sorte, l'arracher à la mort, sans la rendre à la vie.

Je crois avoir prouvé qu'une union mal assortie, blesse la justice, et qu'une séparation ne la satisfait qu'imparfaitement. Quel parti reste-t-il donc ? Le seul entièrement, parfaitement juste, le divorce ; juste en lui-même, parce qu'en reconnaissant le vice d'un mariage, il ne le laisse pas subsister à moitié ; juste pour l'époux innocent, parce qu'en le secourant, il ne le condamne pas à un veuvage forcé ; juste pour l'époux coupable, parce qu'en le punissant, il ne lui impose pas un châtiment disproportionné à des torts qui naissent souvent de la force des circonstances ; juste envers les enfans, parce que, sans leur ôter leur état, il leur procure une éducation moins exposée aux contrariétés et aux mauvais exemples ; juste à l'égard des familles, parce qu'il n'occasionne pas, comme la séparation, une accusation publique et une guerre intestine ; juste enfin pour tous, parce qu'il contente tout le monde et ne lèse personne. On a défini la justice, l'art de rendre à chacun ce qui lui est dû ; ne serait-ce pas aussi la définition du divorce ?

CHAPITRE III.

Avantages du divorce pour la religion.

JE crois avoir démontré, dans le Ier. liv. de cet ouvrage, que la religion n'est pas contraire au divorce. Je vais à présent examiner si le divorce est avantageux à la religion.

La religion, apprenant à l'homme que l'éternité l'attend, a pour but de le rendre heureux pendant cette éternité ; et, comme ce bonheur éternel doit être la récompense d'une vie irréprochable, la religion enseigne à l'homme les moyens de bien vivre, c'est-à-dire, les moyens d'être éternellement heureux.

Examinez les commandemens de Dieu : ce sont moins des ordres que des conseils ; ce n'est pas un maître qui dicte ses volontés à ses esclaves, c'est un père qui trace des préceptes à ses enfans ; ce n'est pas son avantage qu'il desire, c'est le leur ; et la route qu'il trace, est celle de leur félicité.

Dès-lors tout ce qui tend à conduire les hommes vers la sainteté de cette vie, et par conséquent vers le salut de l'autre, rentre dans les desseins de Dieu et dans les lois de la religion. Tout ce qui s'oppose à la sainteté et au salut, contrarie ces lois et leur divin auteur.

L'attrait d'un sexe pour l'autre, abandonné à lui-même, entraînerait l'homme au désordre dans cette vie, et au malheur dans l'autre. L'Être suprême, en instituant le mariage, apprit à l'homme à diriger cet attrait vers son véritable objet; à rendre chaste la volupté même, et à faire du plaisir un moyen de salut.

Ce n'est donc pas pour faire un acte de souveraineté, que Dieu, dans son huitième commandement, a prescrit le mariage; c'est parce que le mariage est pour l'homme le seul moyen d'épurer ses desirs et de sanctifier l'amour. C'est pour cela aussi que l'église a fait du mariage un sacrement. Bien des auteurs, je le sais, prétendent que ce septième sacrement n'a été établi qu'au dixième siècle; mais ce fait est étranger à notre question. J'aime à respecter les décrets des conciles, quand ils sont conformes à la raison et à la justice; j'aime que l'on ait mis un état aussi beau que le mariage entre les mains de Dieu, et que ce soit à son autel que se forment les nœuds les plus sacrés.

Mais je ne crois pas que Dieu bénisse ces nœuds, ouvrage des passions humaines, et qui n'offrent à l'Éternel aucun des grands caractères du mariage. Dieu semble, au contraire, les condamner, et leur malheur atteste leur réprobation.

En effet, un mariage vraiment chrétien est celui où un homme et une femme s'unissent pour trouver, dans de chastes plaisirs, les enfans que le ciel leur destine; pour adorer et servir ensemble leur créateur; pour s'entre-aider dans la pratique des devoirs chrétiens; pour élever leurs enfans dans la crainte de Dieu, et pour édifier leur prochain par la sainteté de leur union. Dès que l'union de deux êtres ne remplit pas ces divers objets, ce n'est plus un mariage aux yeux de l'Éternel.

Deux époux qui se haïssent, renoncent aux plaisirs honnêtes qu'ils peuvent avoir ensemble; et, comme les desirs n'en sont pas moins impérieux, ils cherchent des plaisirs malhonnêtes. Ainsi une union mal assortie amène presque toujours l'adultère.

Ce n'est pas le seul danger où elle expose: comment

comment deux ennemis, sans cesse en présence, pourront-ils remplir les devoirs de la religion, donner une éducation chrétienne à leurs enfans, édifier leur prochain et faire leur salut? ce lien, maudit de Dieu, ne sera-t-il pas une source de péchés les plus graves, de mensonges, de colère, de scandale, de blasphèmes? Qui sait jusqu'où pourra aller la douleur ou la fureur? N'accusera-t-on pas une religion que l'on croit l'auteur de ses maux? Ne niera-t-on pas un Dieu qui semble permettre l'oppression de l'innocence? ne desirera-t-on pas la mort du seul être qui s'oppose à notre bonheur? à force de la desirer, ne l'accélérera-t-on pas? ou bien ne s'arrachera-t-on pas à soi-même une vie devenue insupportable? Elles sont incalculables les actions criminelles où peut entraîner un himen abhorré : l'époux dont l'infortune ou la rage est extrême, peut devenir impie, athée, assassin ou suicide : les annales des tribunaux en offrent des milliers d'exemples, et l'on a vu qu'ils étaient communs dans l'empire romain (*).

On objectera peut-être que la sainteté naît des persécutions ; que, plus un mari ou une

---

(*) Voyez Livre I, page 27.

femme sont malheureux, plus ils ont de mérite à être honnêtes. Cette assertion aurait eu
plus de force autrefois; mais, aujourd'hui,
on ne croit plus aux vertus inutiles : ces ana-
chorètes, qui se martirisaient sans profit pour
le genre-humain, inspirent plus de pitié que
d'admiration.

La sagesse, en effet, consiste à éviter les
maux quand on le peut, à les supporter quand
ils sont inévitables. Quand je suis malade,
Dieu m'ordonne de chercher à me guérir; et
la résignation n'est louable, que quand les
remèdes sont inutiles. Hélas! tant de souffrances phisiques et morales sont attachées
à la faible humanité, que la vertu ne trouve
que trop d'exercice! et Jésus-Christ l'a dit :
Malheur à la vertu qui ne fuit pas le péril,
elle y périra.

En séparant les époux, on diminuera du
moins la fureur de l'un et le désespoir de
l'autre : mais cette séparation facilite à tous
deux les plaisirs illicites; elle prévient plusieurs péchés, mais elle ne les prévient pas
tous; elle laisse les époux séparés dans un
célibat forcé, où ils sont sans cesse aux prises
avec la plus terrible des passions; plus malheureux que des religieux, parce que ceux-ci
du moins ont suivi leur vocation, et que, dans

la solitude et le silence des cloîtres, ils ne marchent point au milieu des tentations qui naissent à chaque pas dans le tumulte et la dissipation du monde; enfin la séparation est, sous le rapport de la religion comme sous tous les autres rapports, utile quand on n'a rien de mieux, mais imparfaite et insuffisante.

Le divorce seul prévient tous les crimes, tous les péchés qui peuvent naître d'une union malheureuse; il détruit des nœuds frappés de la malédiction céleste; il permet d'en former d'autres, qui, assortis par des vues moins humaines, seront ratifiés par le ciel. Dans ces nouveaux liens, les époux, plus chrétiens eux-mêmes, donneront une éducation plus chrétienne à leurs enfans, et se sanctifieront en édifiant leur prochain. Oui, le divorce fera aimer une religion bienfaisante; il fera croire à un Dieu vengeur du crime et protecteur de l'innocence; il ramènera enfin les hommes dans la voie de la piété et du salut éternel où Dieu les appelle.

CHAPITRE IV.

Avantages du divorce pour les mœurs.

LA morale a, comme la religion, le but de rendre les hommes heureux par la vertu, et les chrétiens n'ont pas besoin d'autre morale que l'Evangile, qui prescrit tout ce qui est bien, et défend tout ce qui est mal.

En prouvant l'influence du divorce sur la religion, j'ai donc démontré d'avance son influence sur les mœurs; cependant, pour mettre plus de netteté dans mes idées, j'ai séparé les vertus religieuses des vertus morales, et je n'ai considéré l'homme, dans le chapitre précédent, que sous ses rapports avec la divinité; je vais le suivre à présent dans ses rapports avec l'homme.

Les mœurs, dans l'acception la plus étendue, sont l'ensemble des actions; et, dans une acception moins générale, l'ensemble des actions honnêtes.

Les ennemis naturels des mœurs sont les passions : et, de toutes ces passions, la plus douce et la plus forte, c'est l'amour : plus elle est redoutable, plus il importe de la faire tourner à l'avantage de la société ; et cet objet est si important, que l'on a nommé mœurs l'usage honnête des plaisirs de l'amour, quoique ce ne soit réellement qu'une partie des mœurs.

Y a-t-il quelque chose de plus contraire aux mœurs, considérées sous cette acception, qu'une union mal assortie ? Deux époux entre qui la haine élève une barrière invincible, cherchent, dans l'infidélité, des plaisirs qu'ils ne trouvent plus dans le mariage. Chacun d'eux aura un complice, et voilà déjà quatre coupables. Mais ces complices seront eux-mêmes infidèles à des époux dont ils exciteront la vengeance ; alors la haine et l'infidélité, cause et effet l'un de l'autre, se propageront à l'infini ; les coupables se multiplieront, le désordre d'un ménage troublera tous les autres, le malheur d'une famille rendra toute la société malheureuse.

Je regarde l'indissolubilité d'un himen mal assorti, comme la cause du désordre des mœurs. Quelle est presque toujours la première séductrice d'un jeune homme ? Ce n'est

F iij

pas une de ces filles perdues, elle aurait peu d'attraits pour lui ; c'est une femme malheureuse avec son mari. Un homme ouvertement débauché, ne séduira guère non plus une jeune fille ; elle se défiera moins d'un homme marié et mécontent de son sort, qui ne lui présentera pas le vice dans toute sa laideur. C'est donc aux mauvais ménages que l'on doit cette foule de célibataires libertins, et de filles publiques qui font la honte et la perte des mœurs. Chez un peuple où il n'y aurait que de bons ménages, ces deux fléaux n'existeraient pas ; et le plus sûr moyen de détruire le libertinage, est de perfectionner le lien conjugal.

Je reprends à présent les mœurs dans un sens plus étendu, et je dis que la division entre les époux, mettra toujours beaucoup d'immoralité dans leurs actions diverses, et que des époux mal unis rempliront mal leurs devoirs de pères, de fils, de parens, de citoyens.

L'éducation reçoit l'enfant des mains de la nature, et le remet homme dans celles de la société ; l'éducation, bonne ou mauvaise, prépare donc le bonheur ou le malheur de la société ; les premières années de cette éducation sont confiées au père et à la mère ;

mais, divisés eux-mêmes, ennemis l'un de l'autre, toujours en querelle, toujours dans une situation exaltée de fureur ou de tristesse, quels soins, quelles leçons et sur-tout quels exemples donneront-ils à leurs enfans? Les infortunés! leurs premiers regards se fixeront sur le désordre de leurs parens; ils apprendront à leur école à devenir haineux, injustes, emportés; ils n'auront aucune idée du beau ni de l'honnête : ainsi leur éducation, négligée au phisique, pervertie au moral, n'apportera à la société que de funestes présens.

Si des époux désunis ne peuvent remplir les devoirs de la tendresse paternelle, rempliront-ils mieux ceux de la piété filiale? Qu'un père aille, dans sa vieillesse, réclamer les soins de celui ou de celle dont il soigna l'enfance ; trouvera-t-il un fils ou une fille tendre, dans un mari ou une femme coupable? Je tremble que non : le cœur flétri sur un sentiment, se déprave sur tous les autres ; d'ailleurs si l'un des deux conjoints tend les bras à l'auteur de ses jours, l'autre ne repoussera-t-il pas le père d'un être qu'il déteste? ne saisira-t-il pas ce moyen de tourment ou de vengeance? Pères coupables du malheur de vos enfans, vous êtes souvent trop punis! pères innocens, vous êtes souvent trop malheureux ! jamais , jamais vous ne trouverez d'asile dans un ménage désuni ; jamais l'antre de la haine et de l'infidélité ne deviendra le temple de la piété filiale !

Ces idées m'affligent, et je me hâte de conclure qu'un mauvais époux , un mauvais père, un mauvais fils , sera un mauvais citoyen ; et que les haines , les dissentions , les vengeances, gagnant des individus aux familles, des familles à toute la société , amèneront la dépravation universelle des mœurs publiques et privées.

Tels sont les effets contagieux de l'indissolubilité du mariage : voyons si la séparation préviendra tant de désordres. Nous avons vu que chacun des deux sexes y parvenait par des procédés différens.

L'époux infortuné, qui fait enfermer sa femme , perd sans retour la possibilité des plaisirs honnêtes, et acquiert plus de facilités pour les jouissances illicites. Veuf avec une épouse, mari célibataire , il fera les mêmes fautes que l'homme non marié , avec cette différence qu'elles seront chez lui plus criminelles.

C'est bien pis dans la séparation accordée aux femmes : alors les lois entrent ouvertement en opposition avec les mœurs ; elles sanctionnent en quelque sorte l'adultère ; elles donnent à la fer me une liberté dont il lui est difficile d'user sans en abuser ; elles lui donnent toutes les facilités de goûter les plaisirs de l'amour, sans lui laisser un seul moyen de les goûter honnêtement.

Eh! comment lancent-elles une femme dans cette fatale carrière ? C'est lorsque l'infortunée a perdu tout ce qui, avant son mariage, lui donnait des armes contre la séduction. Que l'on ne compare pas une femme séparée à une fille non mariée : la pudeur naturelle d'une fille, cette crainte timide d'une vierge dont la ceinture n'a point été dénouée, la retiennent à chaque instant ; le premier pas est toujours si difficile à franchir ! Qu'on ne compare pas non plus l'épouse séparée à une veuve : la possibilité de se remarier est pour celle-ci un préservatif ; l'idée qu'elle peut légitimer ses plaisirs, lui rend moins vif l'attrait des plaisirs illégitimes. La femme séparée ne l'a pas cet espoir éloigné des jouissances honnêtes ; l'idée d'une interdiction éternelle la révolte, et l'excite à la transgression.

Enfin, comme si l'on craignait que tant de dangers ne suffisent pas pour égarer sa vertu, on ajoute, aux vices inhérens à la séparation, des vices qui pouvaient ne pas s'y trouver : on exige que, pour l'obtenir, la femme renonce publiquement à cette douce réserve qui fait le charme de son sexe ; il faut que, sortant de l'enceinte privée où la honte la retenait, elle paraisse sur le théâtre public, qu'elle y accuse solennellement son mari, qu'elle le voue au ridicule ou au déshonneur, et souvent qu'elle soulève le voile que la décence avait jeté sur le lit conjugal ; et ce n'est qu'après l'avoir dépouillée des faibles armes qui pouvaient lui rester, qu'on la jette au milieu des ennemis de sa vertu.

D'ailleurs, comme je l'ai déjà observé, la séparation par lettres de cachet ou par arrêt d'un tribunal, sert plus souvent au vice qu'à l'infortune : le mari honnête a rarement recours à l'emprisonnement de sa femme ; rarement il voudrait s'abaisser aux moyens d'en obtenir l'ordre : mais l'époux vicieux se déterminera aisément et sur un motif léger, à séduire, pour avoir cet ordre, quelque agent subalterne de la police. Alors la femme, condamnée sans être entendue, arrachée à sa famille, à ses enfans, sera traînée dans un couvent ou dans une maison de correction, où le sentiment de l'injustice, le désir de la vengeance, et les sociétés corrompues, lui feront perdre sans retour sa vertu si elle est innocente, ses remords si elle est coupable. Mais les femmes coupables, ce châtiment ne les atteint guère : adroites, intrigantes, protégées, elles ont mille manières d'échapper à une peine que l'épouse honnête et timide ne saurait ni prévoir ni prévenir.

Il en est de même pour la séparation accordée aux femmes : les bons maris savent moins s'y opposer que les mauvais époux. Il faut bien des souffrances, bien des larmes répandues, avant qu'une femme honnête se détermine à une extrémité aussi fâcheuse ; encore ne sait-elle se ménager ni des preuves, ni des témoins ; tandis que la femme galante dispose long-temps d'avance un plan d'attaque bien combiné, bien soutenu, et ne parait sur l'arène qu'avec les armes d'Achille. Delà ce grand nombre de procès scandaleux, qui font rougir les mœurs, et qui jettent de la défaveur sur une cause favorable en elle-même ; car l'abus des demandes en séparation force les juges d'y ajouter de nouvelles barrières, qui, toujours franchies par le vice adroit, n'arrêtent que l'honnête infortune.

Cependant cette séparation si abusive, si insuffisante, si les mœurs la réprouvent, la justice la réclame quand l'indissolubilité du mariage est admise ; et la justice doit encore être écoutée préférablement à tout ; ah ! qu'il faut plaindre les nations qui ne peuvent être justes qu'en cessant d'être honnêtes !

Peuples réduits à cette alternative déplorable, hâtez-vous de concilier la justice et les mœurs, la compassion due aux individus et le bon ordre nécessaire à la société. Rétablissez le divorce, et tout-à-coup le mariage cessera d'être une arène ouverte aux dissentions, aux malheurs et aux crimes, une école de vices pour les enfans, un théâtre de scandales pour la société ; on ne verra plus ces emprisonnemens illégaux, ces séparations immorales, ni cet état mixte entre le mariage et le veuvage ; on verra diminuer tout-à-coup les adultères, la prostitution, le libertinage. Et comme, en général, on n'est pas méchant sans intérêt, comme on ne cherche guère des plaisirs illicites, quand on peut en trouver de légitimes non moins agréables, la sagesse renaîtra de toutes parts avec le bonheur, et les bons ménages ramèneront les bonnes mœurs.

CHAPITRE V.

Avantages du divorce pour la politique.

La religion et les mœurs étant les deux bases de la félicité publique, tout ce qui est utile sous les rapports moraux et religieux, l'est nécessairement aussi sous les rapports politiques; ainsi tout ce que j'ai dit, dans les deux chapitres précédens, contre l'indissolubilité matrimoniale et pour le divorce, a dû s'appliquer d'avance à la saine politique.

Mais il est un objet qui intéresse particulièrement le gouvernement, et sur lequel le mariage a une influence particulière; c'est la population.

L'indissolubilité conjugale nuit d'abord à la population, en rendant les mariages moins féconds. Combien ne voit-on pas d'époux qui habitent la même maison, portent le même nom, et n'ont au surplus rien de commun ensemble? Combien d'autres en viennent jusqu'à habiter des logemens différens? combien d'autres enfin sont tout-à-fait séparés par la justice? Ces himens morcelés donnent tout au plus naissance à un enfant, et sont ensuite perdus pour la population.

L'indissolubilité des mariages les rend aussi moins fréquens, par deux raisons évidentes · d'abord parce qu'elle favorise les célibataires, en leur offrant, dans les épouses séparées ou mécontentes de leur sort, des conquêtes faciles, agréables et variées. Otez · leur ces moyens de trouver des plaisirs illicites, ils se porteront à des jouissances honnêtes; ils prendront des femmes à eux, quand ils ne pourront plus avoir celles des autres.

De plus, l'indissolubilité effraye les gens à marier. En vain vous leur vantez le bonheur de l'himen, quand ils peuvent vous confondre par cent exemples ; quand ils peuvent vous dire: Je suis homme, je puis faire une erreur; si je la faisais, vous m'empêcheriez de la réparer; je ne la risquerai point. Je ne ferai point de choix, de crainte d'en faire un dont je serais à jamais la victime ; je ne signerai point un contrat qui peut devenir l'arrêt de mon malheur, et un arrêt qui serait sans appel. Rétablissez le divorce, et je marche au temple de l'himen, sûr alors, si j'y trouvais les Furies, d'y trouver aussi une issue pour échapper à leur rage homicide.

Le rétablissement du divorce donnerait donc un grand encouragement à la population, et les avantages politiques de la population sont trop connus, pour que je m'y arrête en ce moment. On sait qu'elle forme la richesse intérieure et la puissance extérieure d'une nation, qui ne peut jamais avoir trop de bras pour cultiver les terres et pour les défendre.

Ce dernier objet sur-tout est bien important : hélas ! trop long-temps la recrue et la milice ont fatigué les peuples. Doit-on tirer au sort ou prendre dans des piéges les défenseurs de la patrie ? sont-ce des billets noirs ou des engagemens subtilisés qui font de bons soldats? Que dis-je, arrachés aux campagnes qu'ils regrettent, jetés dans des légions qu'ils détestent, ce sont moins des soldats que des déserteurs, et les individus sont tourmentés sans utilité pour la chose publique.

Le tirage de la milice et l'abus des recrues seront sans doute supprimés. Une augmentation de population peut seule les remplacer, et ce remplacement est bien nécessaire; car, si les trois espèces de célibat, laïque, ecclésiastique et conjugal, diminuent sans cesse la population de la France, de l'Espagne et de l'Italie, quels défenseurs opposeront ces états,

à ces immenses émigrations des peuples du
Nord, heureusement exempts de ces trois
fléaux? Que servirait, à la France clair-se-
mée d'hommes, d'être souveraine et libre chez
elle, si elle devait devenir sujette et esclave
d'une nation hérissée de soldats? les lois les
plus parfaites nous préserveront-elles de ces
prodigieuses irruptions dont l'histoire cite tant
d'exemples effrayans?

Ne négligez donc rien, Législateurs français, pour que la force de la nation égale sa
sagesse; fixez des regards prévoyans sur la population; accueillez avec empressement tous
les moyens de l'encourager. C'est à la nation
la plus libre qu'il appartient d'être la plus peu-
plée. Songez enfin qu'une institution qui tend
à augmenter le nombre et la fécondité des
mariages, à garnir vos campagnes de labou-
reurs et vos frontières de soldats, est nécessairement une des meilleures institutions politiques.

CHAPITRE.

CHAPITRE VI.

Réfutation des objections contre le divorce.

JE crois avoir envisagé, sous tous les rapports possibles, l'indissolubilité du mariage, la séparation et le divorce ; je crois avoir répondu dès-lors à toutes les objections : cependant il ne sera pas inutile de rassembler ici celles que j'ai recueillies dans quelques ouvrages, ou entendues dans quelques sociétés, et dont la réfutation sera également rapide et victorieuse

Ire. OBJECTION. « Les apôtres du divorce, « dit-on, prétendent qu'il y a de la cruauté « à forcer deux époux, qui se haïssent et se « méprisent, à demeurer ensemble jusqu'à la « mort dans le chagrin et la discorde : mais « c'est leur crime, de se haïr et de se mépri- « ser ; s'ils n'étaient pas vicieux, et bien réso- « lus de ne se corriger jamais, ils appren- « draient à s'estimer et à s'aimer. »

Réponse. Dans un mariage désuni , il y a presque toujours un coupable et un innocent. direz-vous à ce dernier qu'il doit se corriger ? mais il n'a point fait de faute ; qu'il doit aimer celui à qui il est uni ? mais il ne demande pas mieux : ce n'est pas lui qui est la cause du malheur ni du désordre ; il ne dépend pas de lui de faire cesser l'un et l'autre. Cependant je veux supposer que les époux soient tous deux coupables : vous leur direz de se corriger ; eh bien ! si l'un se corrige , si l'autre reste endurci , que ferez-vous ? le premier vous aura obéi, en sera-t-il moins à plaindre ? Je le sais bien qu'il vaudrait mieux réconcilier deux époux que de les faire divorcer, et que le meilleur divorce ne vaut jamais un bon ménage ; aussi je ne demande l'un , que quand l'autre est impossible.

Un voyageur est aux prises avec un assassin ; si je veux les séparer, me criera-t-on : « Laissez-les faire , leur crime est de se battre ; s'ils n'étoient pas vicieux, ils apprendraient à vivre en paix. » Je m'arrête ; un tel discours révolte à-la-fois la raison et la sensibilité.

IIᵉ. Objection. « Aussi en quel temps s'avise-t-on de déclamer contre l'indissolubi-

» lité du mariage ? c'est lorsque les mœurs
« d'une nation sont portées au plus haut de-
« gré de dépravation. »

Réponse. Sans doute, c'est quand il y a le
plus de voleurs que l'on crie à la maréchaus-
sée ; c'est quand il y a le plus d'abus que l'on
appelle la réforme. Est-il bien certain, d'ailleurs, que le siècle qui a vu abolir la tor-
ture, la servitude, l'intolérance, et à qui la
plus grande révolution n'a pas coûté six cents
hommes, ait des mœurs plus dépravées que
les siècles précédens, où les jugemens de
Dieu, les serfs, les persécutions déshono-
raient l'humanité, où l'invasion des Anglais,
la ligue et la fronde, ont fait périr des milliers de citoyens, sans aucun avantage pour
la nation ?

IIIe. Objection. « Le cœur humain, dit-
« on encore, s'accoutume à une nécessité qu'il
« ne peut changer ; on s'efforce de rendre
« légère une chaîne que l'on sait être indisso-
« luble. »

Réponse. Fort bien, si l'on était seul ; mais
si un autre s'efforce sans cesse d'appesantir
cette chaîne, s'y accoutumera-t-on ? Oui sans

doute; quand on n'a pas de vivres on s'accoutume aussi à ne pas manger, mais on meurt.

D'ailleurs, quand peut-on raisonnablement conseiller la résignation? c'est quand le remède est impossible. Ainsi, la paralisie est un état affreux qu'on supporte parce qu'on ne peut le changer; mais si l'on y connoissait un remède, ne s'indignerait-on pas contre celui qui, libre de le donner, le refuserait, et conseillerait la résignation? Ah! pour persuader à l'époux malheureux qu'il doit supporter la chaîne qui le blesse, persuadez-lui que jamais les chaînes conjugales n'ont été rompues, que le divorce n'a jamais été ni connu, ni possible; mais, s'il découvre que le divorce a existé dans tous les temps et chez tous les peuples, craignez qu'il ne vous traite d'imposteur barbare, qui lui présentez comme une impossibilité ce qui n'est qu'un défaut de volonté.

IVe. Objection. « Deux époux qui auront « la perspective du divorce, n'uniront plus « si étroitement leurs intérêts, et le mariage « ne sera plus qu'un concubinage habituel. »

Réponse. Il est facile de donner au divorce des lois telles qu'il ne puisse jamais offrir une perspective dès le commencement du mariage ; d'ailleurs l'expérience prouve que les mariages n'ont jamais été plus stables que dans les pays où le divorce est permis : quelques historiens ont prétendu qu'à Rome il n'y avait eu qu'un seul divorce pendant 400 ans ; Plutarque a combattu cette opinion ; mais toujours est-il vrai que les divorces y étaient très-rares, ainsi qu'à Athènes, ainsi que chez les Juifs où ils étaient si faciles. Les Anglais, les Polonais, les Hollandais, les Suisses sont-ils moins bons maris que les Français ? Au contraire, l'himen parmi eux est plus respecté qu'en France, et tel est l'heureux effet de la possibilité de divorcer, qu'elle rompt mille fois moins de nœuds qu'elle n'en resserre.

V^e. Objection. « On verra les maris quit- « ter leurs femmes lorsqu'elles auront perdu « leurs attraits, et qu'ils seront entraînés « vers des objets plus agréables. »

Réponse. Non : chez les bons maris le sentiment survit aux attraits ; chez les mauvais maris, l'inconstance n'a pas besoin du divorce. Mais, quand cet inconvénient serait vrai, il vaut mieux, pour une femme, se voir remplacée par une nouvelle épouse que par une maîtresse ; il vaut mieux pour elle être quittée qu'être maltraitée, et il vaut mieux pour la société que le mari satisfasse sa passion par un nouveau mariage que par un adultère.

Mais, encore une fois, il ne faut pas croire que le divorce sera très-facile à obtenir ; on verra bien-tôt qu'il ne s'accordera que sur les motifs les plus justes et les plus pressans.

VIe. Objection. « Le divorce ne servirait « qu'aux premières classes de citoyens ; le « peuple des villes et celui des campagnes « n'y auraient jamais recours. »

Réponse. Quand cela serait vrai, n'est-il pas vrai aussi que, si les premières classes ne méritent pas plus de protection que les autres, elle ne doivent pas non plus en obtenir moins. Il suffit qu'un établissement soit utile à une portion de la société sans être nuisible aux autres, pour qu'il doive être adopté. Pourrait-on, en effet, rejeter une loi favorable au commerce, sous prétexte qu'elle serait inutile à l'agriculture ?

En second lieu, le bonheur et la vertu des premières classes influent sur toutes les autres. Ce sont elles qui donnent l'exemple : la

corruption commence par les principaux citoyens, et s'étend sur tout le peuple ; elle
naît dans les villes , et se propage dans les
campagnes.

Enfin , il n'est pas exact de dire que le divorce ne servirait qu'aux riches. Interrogez
les pasteurs des campagnes ; ils vous diront
combien on voit dans le peuple , dans la dernière classe, des époux ennemis et même séparés de fait. Le mari ne demande pas une
lettre-de-cachet, la femme n'obtient pas une
sentence ; mais celui des deux qui est mécontent va s'établir dans un autre canton ; ou ,
s'il n'a pas recours à cet expédient, il souffre
et meurt à la peine. Eh quoi ! n'entend-on
pas dire, une fois au moins par an, qu'un
mari a tué sa femme , qu'une femme a em-
poisonné son mari ? Que l'on ne dise donc
pas que le divorce ne serait utile qu'aux riches ; et moi je dis, au contraire, que c'est
dans la classe indigente qu'il préviendrait le
plus de malheurs et de crimes, et cela, par
une raison bien simple, c'est qu'elle est la
plus nombreuse.

VIIe. Objection. « Mais, dira-t-on, il fau-
« dra donc défaire un sacrement ? »

Réponse. Ceci mérite une distinction : il est

des sacremens tels que le batême , la confirmation , qui impriment à l'homme un caractère ineffaçable. Dès que je suis batisé, que le genre humain périsse autour de moi, que l'univers s'écroule, tant que j'existerai je serai batisé ; mais il n'en est pas de même du mariage ; car, s'il était ineffaçable comme le batême , la mort de l'un des conjoints ne pourrait pas l'effacer dans le survivant. La pénitence , l'eucharistie , l'extrême-onction et le mariage , sont des sacremens qui peuvent se renouveler sur le même sujet, et qui se renouvellent en effet tous les jours. Nous voyons sans cesse des hommes et des femmes qui ont été administrés plusieurs fois, et mariés plusieurs fois, au lieu qu'il n'en existe pas un qui ait été batisé plus d'une fois : le mariage peut donc être renouvelé sans blesser la religion, et le divorce peut être établi sans altérer la dignité du sacrement.

VIIIe. Objection. « Ne pouvant attaquer « le divorce en lui-même , on se rejette sur « ses inconvéniens pour les enfans. »

Réponse. Je ne veux pas examiner si la crainte d'un petit mal pour les enfans doit empêcher un grand bien pour les pères. Je connais trop l'intérêt qu'inspirent ces jeunes plants destinés à repeupler le monde. Mais réfléchissez-y bien, et vous verrez que l'ami de l'enfance doit être l'apôtre du divorce. Eh dites-moi si, dans un ménage mal uni, ces êtres précieux et chers, ne trouveront pas une éducation phisique et morale bien plus négligée qu'au sein même d'une famille à moitié étrangère ; si une belle-mère ne vaut pas mieux pour eux qu'une mauvaise mère ?

Il me semble, d'ailleurs, facile de concilier, dans les lois du divorce, la justice qu'exige la génération actuelle, et la protection que réclame la génération naissante.

Je ne vois donc, dans le divorce sagement combiné, aucun inconvénient. En vain je parcours tous les rapports qui unissent les individus, tous les intérêts qui les touchent, tous les droits qui leur sont chers ; je ne vois aucun rapport, aucun intérêt, aucun droit violé ou blessé à l'égard d'aucun individu, par une opération simple, qui rend bien ce qui était mal, replace ce qui était déplacé, tarit les pleurs de l'opprimé, ôte les armes des mains de l'oppresseur, et, détruisant par-tout

les discordances , rétablit par-tout l'harmo-
nie , ame de l'univers.

Mais, quand le divorce présenterait quelques inconvéniens, car rien n'en est exempt
dans la nature humaine , est-ce une raison
pour le rejeter ? rejetez-vous la justice parce
qu'elle a quelquefois condamné l'innocence ?
rejetez-vous la religion parce qu'elle a quelquefois désolé la terre ? Faibles humains ;
ne cherchez pas la perfection, elle est hors
de votre mesure ; en approcher est tout ce
qui nous est permis. Mettez dans la balance
les avantages et les inconvéniens, et, quand
vous l'avez fait pencher du côté du bien,
croyez avoir fait tout ce qui était possible à
la sagesse des hommes.

CHAPITRE VII.

Récapitulation des avantages du divorce.

Il est temps enfin de récapituler les avantages du divorce ; les yeux, attristés par des peintures sombres, aimeront à se délasser sur de riantes images.

Le rétablissement du divorce aura des effets prochains et des effets éloignés ; ses avantages seront pour le moment ou pour l'avenir.

Le premier des effets prochains du divorce rétabli, sera de rendre au bonheur et à la vertu, cette foule de maris et de femmes séparés, soit par un ordre de police, soit par un jugement légal. Il n'est pas douteux qu'au moment où le divorce sera permis, les époux séparés n'ayent le droit de se marier. Leur cause est jugée d'avance ; la moitié du divorce est déja faite, et l'autre moitié s'ensuit nécessairement.

En effet, le divorce une fois admis, dès que la loi a reconnu que les deux parties ne devaient pas rester unies ensemble, elle a reconnu qu'elles peuvent s'unir à d'autres; la condition exigée dans le divorce pour passer à un second himen, c'est de fournir la preuve que le premier ne doit pas subsister. Ainsi les maris et les femmes qui ont fourni la preuve nécessaire pour se séparer ont rempli d'avance la condition nécessaire pour se remarier (*).

Les maris séparés, célibataires malgré eux, cesseront donc d'être tourmentés par des privations douloureuses, ou avilis par des jouïssances malhonnêtes. Celui qui aura éloigné une épouse coupable ne sera pas puni d'une faute qui n'est pas la sienne, et portera, à une seconde femme, le bouheur qu'il n'a pas dépendu de lui de donner à la première. Celui qui, au contraire, aura eu des torts dans un premier himen, pourra les réparer dans un second; car souvent ce sont les circonstances qui rendent criminel. Tel homme a été le tiran d'une femme, qui eût été l'esclave d'une

____

(*) Il serait juste cependant d'astreindre les époux séparés à quelques formalités pour consommer le divorce et le rendre authentique. C'est ce qui sera expliqué dans le chapitre suivant.

autre : l'épervier déchire la colombe et caresse une compagne de son espèce ; tout dépend de se bien assortir.

Vous, que recèlent ces tristes couvens, ces maisons de correction, ou plutôt de corruption, femmes qu'égara souvent la seule force des circonstances, vous serez rendues à la liberté et peut-être à la sagesse : Hélas! vous n'eussiez peut-être pas été coupables, si, au lieu de vous unir à un époux qu'il vous était impossible d'aimer, vos parens avaient consulté les convenances de caractères ; et vous ne serez plus coupables à l'avenir, quand vous pourrez, à des nœuds antipathiques, substituer un lien que vous aimerez à respecter.

Et vous sur-tout, intéressantes victimes du malheur, vous que la justice elle - même, après un long et attentif examen, a arrachées aux fureurs de vos premiers époux, vous cesserez d'être punies de leurs fautes; vous ne serez plus privées des douceurs de l'union conjugale, parce qu'on vous aura unies la première fois à de méchans hommes; vous ne serez plus exposées aux tentations des plaisirs défendus, parce que la brutalité de vos premiers maris vous aura rendu haïssables les plaisirs permis. Le divorce complètera enfin la justice qui ne vous a été rendue qu'à moitié ; et, comme vous aurez passé par l'épreuve du malheur dans vos premiers mariages, vous serez, dans vos nouveaux liens, les modèles des épouses tendres et vertueuses.

Le second des effets prochains du divorce, sera d'offrir un prompt secours aux maris qui souffrent sans pouvoir se déterminer à attenter à la liberté de leurs femmes, ou bien qui ne sont pas assez puissans pour y parvenir ; ce sera aussi d'ouvrir un asile aux femmes qui gémissent sans oser élever leur voix dans les tribunaux, ou qui n'ont pas les moyens bizarres que notre jurisprudence exige pour accorder une séparation ; ce sera enfin d'arracher, pour ainsi dire, au crime, ces époux malheureux, qui, suspendus entre la vertu et le vice, attendent, pour pencher d'un ou d'autre côté, la décision de l'intéressante question qui doit se juger, prêts à continuer ou à cesser d'être honnêtes selon que le divorce sera admis ou rejeté.

Que rencontre-t-on dans la société ? ici, des hommes qui, quoique mariés, sont célibataires ; là, des femmes qui sont veuves du vivant de leurs maris ; d'un côté, deux époux séparés à l'amiable et se pardonnant leurs infidélités réciproques ; de l'autre, des époux encore ensemble, mais qui se font sentir réciproque-

ment tout le fardeau de la chaîne qu'ils détestent également ; enfin un homme dévoré
de chagrins domestiques, quand sa femme
marche effrontément dans le chemin du vice;
ou une femme accablée par de longues et
continuelles douleurs , tandis que son mari
s'abandonne impunément à toutes ses passions.

Le divorce est-il rétabli, tout change;
tous ces êtres méchans ou malheureux, de-
viennent heureux et bons ; chacun est re-
mis à sa place; un ordre admirable succède
au plus triste chaos. Par-tout on voit des
époux contens de leur sort, et fidèles à leurs
devoirs. Voilà, pourtant, voilà, dans l'exacte
vérité, ce qu'on verra se réaliser quelques
mois seulement après le rétablissement du
divorce, et l'on s'étonnera alors qu'on ait pu
laisser si long-temps dans l'oubli une institution si bienfaisante.

Passons, à présent , aux avantages du divorce qui ne se feront pas sentir au moment
même de son établissement ; mais qui n'en
sont ni moins assurés, ni moins précieux.

Mariages encouragés. La crainte de faire
un choix dont on serait victime toute la vie,
éloigne du mariage bien des personnes qui
ne redouteront plus ces nœuds lorsque les
erreurs, en fait d'himen , ne seront plus irré-

parables. L'himen d'ailleurs, se présentera sous un aspect plus attrayant, lorsque l'on n'aura plus devant les yeux le spectacle repoussant de tant d'unions infortunées.

DISSENTIONS CONJUGALES PRÉVENUES. Deux personnes qui se voyent irrévocablement unies, se gênent moins ensemble, s'abandonnent plus aisément à leurs passions, à leurs humeurs ; l'idée que l'on pourra être quitté établira plus d'égards, plus de ménagemens ; chacun mettra davantage du sien dans la communauté, car on attache plus de prix, on donne plus de soins aux choses que l'on peut perdre ; enfin l'himen comme l'amour aura cette inquiétude heureuse qui rend le sentiment plus vif et la jouïssance plus piquante.

DÉSORDRES ARRÊTÉS DANS LEUR SOURCE. Du moins si le divorce ne prévient pas toutes les dissentions, il les arrêtera dans leur naissance avant qu'elles ayent le temps de rendre les époux malheureux ou criminels, et de troubler la société.

SÉPARATIONS DE CORPS ABROGÉES. On perdra également jusqu'au souvenir de ces immorales et indécentes procédures inconnues aux tribunaux antiques, et qui ont si longtemps déshonoré les tribunaux modernes.

ACCUSATIONS

ACCUSATIONS D'IMPUISSANCE ENTIÈREMENT ABOLIES. Elles n'ont heureusement plus lieu ; mais elles n'auraient jamais été connues en France, jamais l'infame mot de congrès n'aurait souillé la bouche et la plume des Français, si le divorce eût continué d'être permis, et si les épouses des maris impuissans avaient pu, en formant une simple demande en divorce, jeter un voile charitable sur ses vrais motifs, et laisser la curiosité publique s'égarer en vaines conjectures.

CASSATIONS DE MARIAGE INUTILES. On ne cherchera plus à faire déclarer nul un lien qu'il sera possible de rompre, et du moins les enfans ne perdront pas leur état. On ne verra plus nos rois s'abaisser à d'indignes subterfuges pour faire casser leurs mariages, sous prétexte d'une parenté, ou imaginaire, ou très-éloignée.

ADULTÈRE RENDU TRÈS-RARE. Diminuer le nombre des femmes malheureuses, c'est diminuer celui des femmes infidèles. L'épouse, qu'une haine irrésistible force aujourd'hui de trahir son mari, aimera mieux alors le quitter.

CÉLIBAT DIMINUÉ. Moins il y aura de femmes infidèles, moins on verra de célibataires ;

ils auront leurs ménages lorsqu'ils ne pourront plus troubler les ménages des autres.

Prostitution réprimée. Moins il y aura de célibataires et d'époux mécontens, moins on verra de beautés mercenaires : lorsqu'il n'y aura plus d'hommes salarians, il n'y aura plus de femmes salariées.

* * *

C'est ainsi que, d'effets en effets, on voit découler, du rétablissement du divorce, une foule d'avantages, indiqués ou présentés dans le cours de ce livre, et qu'un œil observateur découvrira avec facilité.

Mais, de tous ces avantages, le plus grand, le plus précieux, le plus général, celui qui intéresse tous les citoyens, celui qui seul pourrait faire décider la question, celui qui est reconnu par tous les moralistes, par tous les législateurs, celui qui est attesté par tous les peuples anciens et modernes; c'est que la loi du divorce est le plus grand préservatif du divorce même; que dès qu'il est possible, il devient presque inutile; que dès qu'il est permis, il est très-rare, et qu'il s'anéantit par lui-même. Voulez-vous la paix, dit-on, préparez la guerre; je dirais de même : Voulez-vous qu'on ne divorce pas, permettez le divorce. Oui, cette institution, quand les nœuds de l'himénée sont relâchés, les resserre plus souvent qu'elle ne les rompt ; prévient plus de fautes qu'elle n'en punit ; empêche plus d'erreurs qu'elle n'en répare ; enfin, elle est moins l'art de détruire les mauvais mariages, que l'art de rendre tous les mariages heureux.

FIN DU LIVRE SECOND.

LIVRE III.

LOIS DU DIVORCE.

CHAPITRE Iᵉʳ.

Vues générales sur le rétablissement du divorce.

Je crois avoir démontré que le divorce doit être rétabli ; je vais chercher comment il pourrait l'être.

Et d'abord je dois déclarer que si j'ai été le plus zélé sectateur du divorce pendant sa prohibition, j'en deviendrai, après son rétablissement, le plus grand adversaire. Autant j'en aurai desiré l'usage, autant j'en craindrai l'abus. Le divorce est un émétique, salutaire quand il est administré à propos, terrible s'il est abandonné au hasard ; et, après le mal-

H iij

heur d'en être privée, le plus grand malheur pour une nation, est d'en être prodigue.

Il faut donc combiner les lois du divorce de manière qu'il soit impossible de l'obtenir sans de justes et fortes raisons, et sur-tout qu'il ne fasse jamais payer aux enfans le secours accordé à leurs pères.

Ces lois seront l'ouvrage des augustes législateurs à qui j'ose offrir cet essai. Si je hasarde ici quelques vues, c'est que la longue méditation donne quelquefois des idées qui peuvent échapper à la rapidité d'une discussion, quelque éclairée qu'elle soit.

CHAPITRE II.

Ire. QUESTION.

*Le divorce peut-il être rétabli dès ce moment
en France ?*

Oui, car sa non-existence est un abus, et
un abus ne saurait être trop tôt détruit.

Oui, car les époux malheureux ou séparés,
et les célibataires qui existent actuellement,
ont autant de droits que ceux qui existeront
plus tard, d'être rendus au bonheur, à l'honnêteté et au mariage.

Quel moment, d'ailleurs, plus favorable
pour un changement, que celui où tout
change ; pour une nouvelle loi, que celui où
l'on renouvelle le code entier ; pour la suppression d'un abus, que celui où tant d'abus
ont été détruits !

S'il doit y avoir une autre année 1789, et
d'autres destructeurs du despotisme, de l'a-

H iv

ristocratie, de la féodalité, des privilèges et des annates, que l'on diffère le rétablissement du divorce ; mais, puisqu'il ne peut revenir d'époque ni de législature plus brillantes, saisissons l'une et l'autre ; le divorce les honorera, elles honoreront le divorce.

IIᵉ. QUESTION.

Le divorce sera-t-il accordé également au mari et à la femme ?

Si cette question n'était pas répondue d'avance dans tous les cœurs ; si la religion et la philosophie n'avaient pas, depuis longtemps, accordé les mêmes droits à deux sexes égaux sans être semblables ; j'invoquerais ici Solon, Plutarque, Justinien, Montesquieu, tous les législateurs, tous les écrivains qui se sont occupés du divorce, et qui tous veulent une même loi pour les hommes et les femmes (*). Quel sexe, en effet, devrait être le

______

(*) *Una lex est viris et mulieribus.* La loi est une pour les hommes et pour les femmes. (Concile de Compiegne, can. v. Labbe, t. 5., p. 1695.)

moins favorisé ? serait-ce le plus faible ? Et pourquoi traiter moins bien un sexe qui, doué des mêmes desirs et des mêmes facultés que le nôtre, susceptible des mêmes impressions et des mêmes sentimens, n'a avec nous que des différences qui le rendent plus aimable, et souvent plus à plaindre ! Rassurez-vous, belle et intéressante moitié du genre-humain, compagnes de nos plaisirs et de nos peines, et souvent rivales de nos travaux et de nos succès ! Ah ! peut-être, considérant que ni la force, ni le pouvoir ne sont de votre côté, que vous avez moins de moyens de prévenir et d'adoucir vos malheurs, peut-être je proposerais pour vous des lois plus favorables, si je n'étais assuré que la sensibilité française saura toujours bien les faire pencher en votre faveur.

———

IIIe. QUESTION.

Quels sont les motifs pour lesquels le divorce pourra être demandé ?

Les questions suivantes sont beaucoup plus difficiles à résoudre ; et, comme j'ai eu besoin de penser long-temps sur cet objet, je supplie que l'on veuille bien m'écouter avec attention, et ne pas juger légèrement le résultat des méditations les plus graves.

Examinons d'abord les motifs qui peuvent raisonnablement déterminer un des époux à demander le divorce. J'en trouve douze qui me paraissent incontestables :

1°. La mort civile.

2°. La condamnation à une peine infamante.

3°. La prison de longue durée.

4°. La captivité dont on ne peut prévoir la fin.

5°. L'expatriation forcée ou volontaire, ou la disparution d'un des conjoints, dont on n'a point de nouvelles.

6°. L'infécondité d'un himen, pendant un temps déterminé, sans que l'on puisse en rechercher les causes.

7°. Une maladie incurable, et qui mette obstacle à la génération.

8°. La démence.

9°. Un crime quelconque.

10°. L'adultère.

11°. Le désordre extrême.

12°. L'incompatibilité de caractères.

Je ne crois pas que l'on puisse contester aucun de ces douze motifs ; leur légitimité me paraît si évidente, que je ne m'arrêterai pas à la prouver : dans le 3e., le 4e., le 5e., le 6e. et le 7e. cas, il y a impossibilité phisique aux époux de remplir ensemble les devoirs du mariage ; dans les autres cas, il y a impossibilité morale ; à moins que quelqu'un osât dire, qu'il peut rester uni avec un être infâme, ou avec un fou, un criminel, un débauché ou un frénétique.

IVe. QUESTION.

De quelle manière le divorce sera-t-il accordé ?

LES douze motifs ci-dessus me paraissent donner également droit au divorce, et l'un de ces motifs me paraît suffisant pour déterminer, en pleine sécurité de conscience, à demander la dissolution d'un mariage.

Mais, pour la manière d'obtenir cette dissolution, je trouve trois différences essentielles entre les huit premiers motifs et les quatre derniers.

D'abord, en énonçant un des huit premiers motifs, on ne fait aucun tort à celui qui en est l'objet; car, ou ils sont notoires, comme l'infamie et la démence; ou ils ne sont pas repréhensibles, comme la captivité et la stérilité.

Ensuite, si l'une de ces huit conditions n'existe pas, on ne sauroit la supposer. Comment, par exemple, faire croire aux juges qu'une femme présente est absente, qu'une mère est stérile? Un mensonge dans ce genre serait bientôt confondu.

Enfin, si l'une de ces huit premières conditions existe, celui qui en est atteint ne peut la nier; car, son absence ou sa condamnation sont publiques, sa stérilité ou sa démence sont notoires.

C'est toute autre chose quand il s'agit d'un des quatre derniers motifs :

Premièrement, aucun de ces motifs ne peut se prouver sans déshonorer celui qui en est l'objet. Est-il juste d'exiger qu'un mari soit le délateur de sa femme, qu'une femme soit l'accusatrice publique de son mari ? est-

il prudent, en séparant deux époux mal assortis, d'en faire des ennemis irréconciliables ?
Hélas! nous n'avons que trop gémi de ces indécentes procédures en séparation, où deux
époux ne pouvaient se quitter qu'en se dé-
chirant mutuellement ; de cette espèce de
congrès moral, plus honteux, peut-être,
que le congrès phisique, dont nos tribunaux
ont eu si long-temps à rougir.

Secondement, quand l'un de ces quatre
motifs n'existe pas, il est aisé de le faire
naître ou de le supposer. Je ne cite qu'un
exemple : en Angleterre le divorce ne s'ac-
corde que pour cause d'adultère ; qu'arrive-
t-il ? On devient adultère pour divorcer. Le
législateur, en exigeant cette condition,
n'arrête pas le divorce, il fait seulement
commettre un crime de plus. C'était un second abus de nos séparations : la femme galante d'un époux honnête, obtenait quelques
sévices publics, ou séduisait quelques témoins, et l'on prononçait une séparation,
légale en apparence, injuste en réalité.

Troisièmement enfin, quand un des quatre derniers motifs existe, il n'est pas toujours possible de le prouver : qu'un homme adroit sache concentrer ses fureurs dans
l'intérieur de son ménage ; où sa triste com-

pagne trouvera-t-elle des preuves et des témoins? qu'une femme artificieuse sache voi-
ler ses désordres, comment son malheureux
époux appuyera-t-il de justes plaintes? C'était
un troisième vice de la séparation : combien
d'épouses honnêtes n'ont pu prouver les torts
très-réels d'un époux assez adroit pour éviter
les regards du public, et pour éluder une
jurisprudence connue !

Je voudrais donc que l'homme ou la femme, qui sont portés au divorce par un des
huit motifs de la première espèce, ne l'obtinssent qu'en donnant la preuve la plus authentique de l'existence de ce motif; parce que
ce motif peut se prouver sans scandale, ne
peut se supposer quand il n'existe pas, et
peut toujours se constater quand il existe.
Cette manière de divorcer s'appellerait : Di-
VORCE DÉTERMINÉ.

Je voudrais, au contraire, que les époux,
à qui un des quatre derniers motifs rend le
divorce nécessaire, l'obtinssent, sans être
obligés ni admis à prouver ce motif en justice, parce qu'il ne peut se prouver que par
une procédure immorale; parce qu'il peut
se supposer quand il n'existe pas ; et que,
quand il existe, il n'est pas toujours possible
de le constater. Cette seconde manière de

divorcer se nommerait : Divorce indéterminé.

Faut-il donc, me dira-t-on, accorder le
divorce qui serait demandé sans motifs ? on
va voir que je suis bien éloigné de cette
idée ; je veux seulement que ce ne soit pas
devant les tribunaux de justice que ce motif puisse être énoncé, parce que ces tribunaux sont publics, et qu'il sont trop éloignés
des parties ; mais, substituons-y des tribunaux
privés et rapprochés du lieu de la scène,
tous les inconvéniens sont évités.

Celui du mari ou de la femme, qui voudrait demander le divorce indéterminé, con-
voquerait une assemblée de ses parens. Là, il
exposerait ses desirs et ses raisons ; l'époux
ou l'épouse, opposant au divorce, serait
averti de cette assemblée, et sommé de s'y
trouver. Il pourrait y défendre sa cause, et
réfuter les accusations ; alors s'élèverait une
espèce de tribunal qui instruirait l'affaire, sans
scandale et sans crainte d'être trompé.

Lorsque les parens auraient reconnu la légitimité du divorce, ils signeraient un acte
de famille ; il faudrait que ces parens approbateurs fussent au moins au nombre de six,
et pris dans les douze plus proches ; par-là

on éviterait deux inconvéniens : car, d'un côté, exiger moins de six parens, ou permettre de les choisir à tous les degrés, ce serait donner trop de facilités à faire passer des demandes illégitimes ; et, d'un autre côté, exiger que les six approbateurs fussent les six plus proches parens, ce serait risquer que la plus légitime demande n'échouât souvent par la mauvaise volonté d'un seul individu ; mais il n'est pas à présumer que six personnes concourent à une injustice, ni que, parmi douze personnes, il n'y en ait pas six qui appuient une chose juste.

L'acte de famille ainsi rédigé, la partie plaignante le présenterait aux juges; et il serait communiqué à la partie opposante, qui n'aurait alors d'autres moyens de défense que de contester la qualité des parens ou la validité des suffrages.

Il serait convenable de fixer, à la procédure, un temps assez long pour laisser place à la réflexion et au repentir, et pas assez pour faire perdre aux époux des années que la brièveté de la vie rend si précieuses. Six mois paraîtraient suffisans. A la présentation du premier acte de famille, le juge prononcerait une sentence provisoire de séparation ; trois mois après, sur un nouvel acte de famille,

mille, les juges rendraient une sentence provisoire de divorce; enfin, trois autres mois expirés, et sur la comparution solennelle de la partie plaignante et de ses parens, il serait rendu une sentence définitive.

L'époux plaignant pourrait, à défaut de parens, faire appuyer sa demande par un nombre double d'habitans notables.

Le divorce déterminé, c'est-à-dire, accordé pour un des premiers motifs ci-dessus, n'aurait d'autres formalités que celles nécessaires pour constater la réalité du motif, et serait définitivement accordé, aussitôt que cette réalité serait légalement reconnue.

Quant aux époux qui sont actuellement séparés par la justice, il doit être libre, au mari ou à la femme, de demander le divorce; la seule formalité à remplir serait de présenter aux juges l'arrêt ou la sentence de séparation, et les juges, sur le seul vu de cette pièce, prononceraient le divorce.

V[e]. QUESTION.

Quel sera le sort des époux après le divorce?

LE divorce consommé, mettrait le mari et la femme, non pas dans la situation où ils

I

étaient avant le mariage, mais dans celle où chacun d'eux serait si l'autre était mort; ce serait, pour ainsi dire, un double veuvage. Cette distinction importante amène deux conséquences : l'une, que des époux divorcés ne pourraient ni renouer leurs liens, ni en former ensemble de nouveaux, ce qui serait se jouer du mariage; l'autre, que le plus riche des deux devrait venir au secours du moins fortuné. En effet, pour qu'un mari divorçant avec sa femme, pût la laisser avec le seul revenu qu'elle avait en se mariant, il faudrait qu'il pût aussi lui rendre la jeunesse, la fraîcheur, et tout les charmes qu'elle avait en montant à l'autel.

Les lois romaines ont voulu qu'à la dissolution du mariage, la femme eût un sort convenable : nos coutumes ont pris les mêmes précautions; mais le droit romain admettait deux causes de dissolution de mariage, la mort et le divorce : notre droit coutumier n'admet que la première cause; le divorce rétabli, il s'agirait d'y adapter ce qui s'observe pour le veuvage, avec quelques différences nées de la différence des choses.

Chez les Romains, le bien d'une femme ne consistait que dans la dot que son père donnait au mari, les biens paraphernaux,

c'est-à-dire, ceux dont elle héritait de son
côté, et quelquefois une donation que lui
faisait le mari. Dans nos pays coûtumiers, la
femme a, outre la dot et les biens paraphernaux, un douaire, c'est-à-dire, l'usufruit
d'une somme ou d'un bien fonds que lui assure le mari. Ce douaire, pour la quotité,
est fixe, c'est-à-dire, convenu par le contrat
de mariage; ou coutumier, c'est-à-dire, ré-
glé par la coutume.

La femme, à la mort de son mari, re-
prend donc sa dot, ses bien paraphernaux et
son douaire. Après le divorce, elle repren-
drait sa dot, ses biens paraphernaux, et la
moitié seulement de son douaire; car le mari
est bien censé mort pour elle; mais, dans la
réalité, il existe, et ne doit pas souffrir une
trop forte spoliation.

Ces reprises, en cas de divorce, seraient
régies par les mêmes lois qu'en cas de survie.

S'il arrivait que la femme fût plus riche
que le mari, alors ses reprises seraient ré-
glées de manière que le mari restât avec un
revenu égal au tiers du revenu dont il jouis-
sait pendant la communauté; et il retiendrait,
d'abord sur le douaire et subsidiairement sur
la dot et les biens paraphernaux, de quoi se
compléter ce tiers.

I ij

Les époux seraient libres de faire, à l'époque du divorce, toutes les conventions dont ils seraient réciproquement d'accord. Ils pourraient aussi convenir, à l'époque du mariage, d'un demi-douaire préfixe en cas de divorce, différent du douaire préfixe, en cas de sur-vie; mais la femme aurait toujours le droit de choisir le demi-douaire coutumier, et toutes les renonciations qu'elle pourrait faire, en se mariant, au demi-douaire coûtumier, seraient nulles de plein droit, ainsi que celles que pourrait faire le mari au tiers du revenu commun.

Dans les pays où le douaire n'a pas lieu, si le mari avait fait une donation à la femme, celle-ci, en divorçant, en prendrait la moitié. S'il n'y avait pas de donation, ou que la donation fût inférieure à la dot, le mari serait tenu de faire à la femme une pension égale au revenu de sa dot, et indépendant de ce revenu. Si même cette pension était trop faible, eu égard à la qualité et à la fortune du mari, les juges pourraient l'augmenter.

Les mariages subséquens des divorcés ne changeraient rien à ces dispositions, pas plus que les mariages subséquens des veufs. Si, cependant, il y avait des enfans, alors les lois des secondes noces pour les veufs, s'observeraient pour les divorcés, comme il sera dit ci-après.

Il serait convenable que la femme ne portât plus le nom du mari, pour éviter de la confondre avec la nouvelle femme que celui-ci pourrait prendre ; elle conserverait cependant le titre de madame, et y ajouterait son nom de fille.

Enfin, les époux divorcés ne tiendraient plus l'un à l'autre par aucuns liens, n'auraient ensemble aucun commerce, sous peine d'adultère, et n'auraient entre eux que des rapports libres et volontaires de part et d'autre. Chacun d'eux pourrait se marier de son côté, sans être obligé d'en prévenir l'autre.

De même que les hommes et les femmes prennent actuellement, dans les actes subséquens à un premier mariage, ainsi que dans les publications de bans des seconds mariages, les qualités de veuf ou veuve de telle ou tel ; de même, on mentionnerait, dans les cas analogues, les qualités de ci-devant époux ou épouse de telle ou tel.

L'intérêt des créanciers de la communauté qui existait pendant le mariage, exige que cette communauté ne puisse se dissoudre sans que ces créanciers n'en soient prévenus. On donnerait donc au divorce, la même publicité que celle que l'on donne actuellement aux séparations de biens.

Comme il est important de mettre un frein à l'usage du divorce, et qu'une personne, instruite par le malheur d'un premier himen, n'a dû en former un second qu'avec la plus grande prudence, toute personne qui aurait demandé et obtenu le divorce indéterminé, ne pourrait, après s'être remariée, demander une seconde fois la même espèce de divorce ; cette défense ne s'étendrait pas à celui qui aurait divorcé sans le demander. Quant au divorce déterminé, comme il porte sur des points de faits indépendans de la volonté des hommes, la même personne pourrait l'obtenir autant de fois qu'elle se trouverait dans un des huit cas qui y donnent ouverture.

VIe. QUESTION.

Quel sera le sort des enfans après-le divorce ?

HEUREUX l'enfant qui reçoit la vie de deux époux unis par la tendresse ! les mirtes de l'amour ombragent son berceau ; l'amitié, la confiance et l'indulgence répandent des fleurs sous ses premiers pas ; il mêle ses caresses enfantines aux étreintes amoureuses des auteurs de ses jours ; il augmente et partage leurs sentimens et leurs plaisirs ; pour lui naissent les soins délicats, les sages leçons et les exemples honnêtes. C'est l'innocence qui joue, avec l'amour et la vertu, dans le temple du bonheur.

Qu'il faut plaindre, au contraire, l'enfant né de deux époux que la haine divise. Sans doute le premier soin doit être de l'éloigner de l'affligeant et dangereux spectacle des dissentions paternelles. Mais ce premier secours ne suffit pas. Je vais chercher les moyens, non pas de lui rendre tout ce qu'il aurait trouvé dans la bonne union de ses parens, cela ne se peut plus ; mais de lui faire perdre le moins possible, tant pour l'éducation que pour la fortune.

Il n'est pas douteux que, dans le divorce accordé pour mort civile, infamation, prison, captivité, expatriation ou démence d'un des époux, l'autre époux ne doive être chargé de tous les enfans.

Dans les autres cas du divorce, à qui les enfans resteront-ils ? D'un côté le pouvoir paternel les réclame, de l'autre la tendresse maternelle les demande. L'un a des droits bien forts, l'autre des titres bien doux.

Mais, si la satisfaction des parens doit ici entrer pour quelque chose, l'intérêt des enfans est encore plus déterminant. Ainsi, lorsque la famille de l'époux plaignant jugerait que l'éducation phisique ou morale des enfans court quelques dangers avec l'autre époux, elle pourrait convoquer les plus proches parens de ce dernier, et si la plupart d'entre eux s'accordaient avec les autres pour laisser tous les enfans à l'un des conjoints exclusivement, l'acte de famille en ferait mention, et serait homologué par les juges.

S'il n'y avait pas de motifs assez forts pour priver l'un des époux de ses enfans, les deux parties pourraient chercher à s'accorder, et les juges homologueraient les arrangemens dont elles seraient convenues, après s'être assurés que ces conventions sont parfaitement libres.

Si les époux ne pouvaient convenir d'un arrangement, quels principes suivrait-on ? Il se présente d'abord deux considérations :

Le sexe de l'enfant en est une ; un fils d'un certain âge est mieux avec son père, dont il peut suivre les exercices et les amusemens; une fille, au contraire, trouve dans sa mère une institutrice et une compagne; son père en serait embarrassé : en effet, l'on voit la plupart des hommes veufs laisser leurs filles au couvent jusqu'à ce qu'elles se marient. Cette considération cependant ne devrait pas être décisive, car, s'il n'y avait que des filles par exemple, le père serait privé de tous ses enfans.

L'âge des enfans est une autre considération plus puissante que la première. Il est incontestable, que, pendant ses premières années, l'enfant a besoin de sa mère ; plus douce, plus patiente, plus sédentaire, plus adroite dans les soins qu'exige un enfant, une mère ne peut être supléée ; l'usage est en cela conforme à la nature : dans les palais des rois, les enfans des deux sexes restent dans les mains des femmes jusqu'à sept ans ; à cette époque, les mâles passent dans les mains des hommes. Dans les campagnes, les enfans restent d'abord avec la mère, et ce n'est qu'à sept ou huit ans que les garçons commencent à suivre le père. Cette considération n'est cependant pas non plus décisive ; car, s'il n'y avoit que deux enfans, l'un de 4, l'autre de 3 ans, il ne serait pas juste que le père n'en eût aucun.

Voici comme il me semble que l'on pourrait

concilier l'âge, le sexe, les désirs des parens, les besoins des enfans.

Lorsqu'il y aurait six, quatre ou deux enfans, le père prendroit la moitié la plus âgée, la mère la moitié la plus jeune.

Lorsqu'il y aurait cinq ou trois enfans, la moitié la plus âgée serait pour le père, la plus jeune moitié pour la mère ; l'enfant intermédiaire, s'il était garçon, resterait avec la mère jusqu'à sept ans, et passerait ensuite au père ; si c'était une fille, la mère la conserverait toujours.

Il en serait de même lorsqu'il n'y aurait qu'un enfant ; fille, elle serait pour la mère ; garçon, il resterait avec la mère jusqu'à sept ans, et passerait ensuite au père.

Mais, encore une fois, ces dispositions seraient plus invitatives que coactives. Le juge, avant de prononcer d'après elles, engagerait les époux à lui présenter les arrangemens qui leur conviendraient le mieux ; il pourrait encore consulter la famille. Ce partage, en effet, dépend des circonstances, des affections, des caractères ; il suffit que la loi pose des données justes, simples, égales, indiquées par la nature, et conformes à l'intérêt des enfans.

Enfin, après le partage, chacun des époux ne serait pas privé de la vue des enfans échus à l'autre époux; il pourrait exiger qu'on les lui envoyât une ou deux fois par mois, en s'engageant à ne pas chercher à les enlever ou à les retenir. La moindre tentative à cet égard, le priverait de ses droits; car l'arrangement prononcé par le juge serait maintenu de toute la force de la société, et l'infracteur puni suivant les lois.

Il reste à s'occuper des biens des enfans, et cet objet est susceptible de plusieurs dispositions. Je me bornerai à indiquer quelques vues générales.

La femme divorcée n'a, comme je l'ai déja dit, que l'usufruit du douaire, la propriété en appartient aux enfans; et, pour la leur assurer, le père, à l'instant du divorce, serait tenu d'assigner ce douaire sur un bien fonds libre de toute hipothèque, et qu'il lui serait défendu d'aliéner.

Si le père divorcé ne se remariait pas, il est indubitable que ses enfans hériteraient de tous ses biens.

S'il se remariait, le douaire qu'il ferait à sa seconde femme, ne pourrait excéder la somme à laquelle monterait une part d'enfant du bien qu'il aurait en se remariant.

S'il n'avait pas d'enfans du second lit, ceux du premier hériteraient à sa mort de tous ses biens, et laisseraient seulement à sa veuve l'usufruit du douaire ci-dessus, sans qu'elle puisse rien prétendre au-delà.

Si le père divorcé avait des enfans du second lit, ils auraient la propriété du douaire fait à leur mère, et ensuite, à la mort du père, ils partageraient sa succession avec les enfans du premier lit; bien entendu que, dans cette succession, on ne comprendrait ni le premier douaire qui appartient aux enfans du premier lit, ni le second douaire qui appartient aux enfans du second lit.

Si, dans ce second mariage, soit qu'il y eût des enfans ou non, il survenait un divorce, la seconde femme divorcée prendrait le douaire qui lui aurait été constitué, d'après les principes ci-dessus établis.

Si le père, après deux divorces, se remariait une troisième fois, il ne pourrait donner à sa nouvelle femme, qu'un douaire égal à la part que chacun de ses enfans, soit du premier, soit du second lit, aurait dans les biens qu'il se trouverait posséder à l'époque de ce dernier mariage.

Enfin, les enfans de ce troisième mariage auraient d'abord la propriété du douaire de leur mère, et partageraient ensuite, à la mort de leur père , sa succession avec tous les autres enfans.

Je n'ai parlé jusqu'ici que du père qui aurait fait divorce ; il est facile d'appliquer les mêmes principes à la mère. Ainsi elle ne pourrait faire, à son second ou à son troisième mari , une donation qui excédât la part d'un de ses enfans ; et, à sa mort, tous ses enfans, de quelques lits qu'ils fussent, partageraient également sa succession.

Dans les pays où les enfans sont inégalement partagés, si toutefois un tel usage pouvait n'être pas aboli, le douaire qu'un mari divorcé pourrait faire à sa nouvelle femme, ou la donation qu'une femme divorcée pourrait faire à son nouveau mari , serait égal à la part de l'enfant le moins prenant.

Lorsque le douaire ou la donation seraient inférieurs à une part d'enfant, la femme ou le mari seraient obligés de s'en contenter.

Tels sont les principes simples et généraux d'après lesquels il me paraîtrait facile d'adapter à nos mœurs, les lois romaines (*), ou,

---

(*) Corpus juris civilis. Digesta, lib. 24, tit. 2. De divortiis et repudiis. — Codex, lib. 5, tit. 17, De divortiis, tit. 18. So-

mieux encore, ces mêmes lois corrigées et perfectionnées dans le nouveau code que la Prusse doit à Frédéric-le-Grand (*).

Cette esquisse de la législation à établir sur le divorce, est bien loin, je le sais, d'être complète et parfaite; poser des bases fondées sur la nature et la justice, et propres à concilier l'intérêt des maris et des femmes, des enfans nés et à naître, voilà le but que je me suis proposé; c'en est assez dans un moment où le bonheur de ma cause m'offre, dans les sages qui doivent décréter le divorce, des législateurs qui sauront en dicter les lois.

____

luto matrimonio, quemadmodùm dos petatur ? Tit. 24. Soluto matrimonio, apud quem liberi morari, vel educari debeant. — Novellæ, collatio 4, tit. 1. De nuptiis.

(*) Code Frédéric, part. 1, liv. 2, tit. 3, art. 1, §. 35 à 42; art. 2, §. 43 à 60.

FIN DU TROISIÈME LIVRE.

CONCLUSION.

LE voilà rempli, ce devoir que m'imposait mon cœur : j'ai satisfait à la voix de ma conscience ; j'ai défendu la cause de la raison et de l'humanité ; et j'éprouve, en finissant cet ouvrage, le plaisir qui suit une bonne action. Mais que peuvent mes efforts isolés, si le cri unanime de tous les Français ne se mêle à ma faible voix ? Ah ! qu'est-ce que je veux ? quel motif a conduit ma plume ? quel sentiment respire dans toutes mes lignes ? Le desir de voir les hommes plus heureux.

Époux infortunés, qu'un usage trop long-temps respecté condamnait à souffrir éternellement ; pères sensibles, mères tendres, qui craigniez, en établissant vos filles, d'avoir à regretter une erreur irréparable ; enfans qui gémissiez sur les malheurs et les désordres de vos parens, et que leur exemple pouvait corrompre ; citoyens de tout âge, de tout sexe, de tout rang, de tout état, joignez votre voix à la mienne ; réclamez un droit perdu, en même temps que vos autres droits ; demandez la proscription d'un abus né , comme tant d'autres , dans les siècles de superstition et d'ignorance.

Ministres d'une religion douce et bienfaisante , vous à qui la confession a mille et mille fois révélé les désordres de ces mariages frappés de la malédiction céleste , faites parler l'Evangile , les pères , les saints , les papes , les conciles , et sur-tout vos consciences ; rappelez le divorce , que la religion permet , et qui favorise la religion.

Dispensateurs de la justice , magistrats que les crimes des mauvais ménages ont tant de fois effrayés , que les usages de la séparation ont si souvent révoltés , c'est à vous sur-tout qu'il convient de demander qu'on rende leur force antique à des lois long-temps négligées , et jamais abolies.

Et vous , le vrai , le constant ami d'une nation dont vous êtes tant aimé , plus les noms d'époux et de père ont pour vous de charme et de gloire , plus vous plaignez , sans doute , les himens malheureux ou stériles : homme , écrivain , ministre immortel , favorisez une institution utile aux mœurs que votre vie entière a honorées , utile à l'humanité que vos ouvrages font aimer , utile enfin

au

au bel et vaste empire, qui vous regarde comme son Dieu tutélaire.

Roi sensible et généreux, monarque chéri d'une nation à qui vous n'ayez laissé d'autres chaînes que celles de l'amour et de la reconnaissance , protégez une loi bienfaisante comme vous , qui ne laissera aux époux que les chaînes du plaisir et du sentiment.

Vous , enfin , l'orgueil et l'espoir de la France, vous qui donnez une nouvelle ame à cette monarchie renaissante , je n'ai point de vœux, point de prières à vous adresser ; suivez la sublime inpulsion , le sage enthousiasme qui vous entraîne : prononcez ; des milliers d'époux attendent vos oracles; tous applaudiront au décret que vous porterez sur le divorce. Dictée par ce génie de liberté , d'humanité, de raison, de sagesse qui vous anime, cette loi, en donnant à la France un nouveau moyen de bonheur , vous donnera un nouveau titre à la reconnaissance des Français.

FIN.

TABLE
DES MATIÈRES.

LIVRE II.

NÉCESSITÉ ET AVANTAGES DU DIVORCE.

LIVRE III.

LOIS SUR LE DIVORCE.

CONCLUSION...................... 143

FIN DE LA TABLE.